# グローバル社会の消費者心理

カントリー・バイアスから読む〈こころ〉

寺﨑新一郎

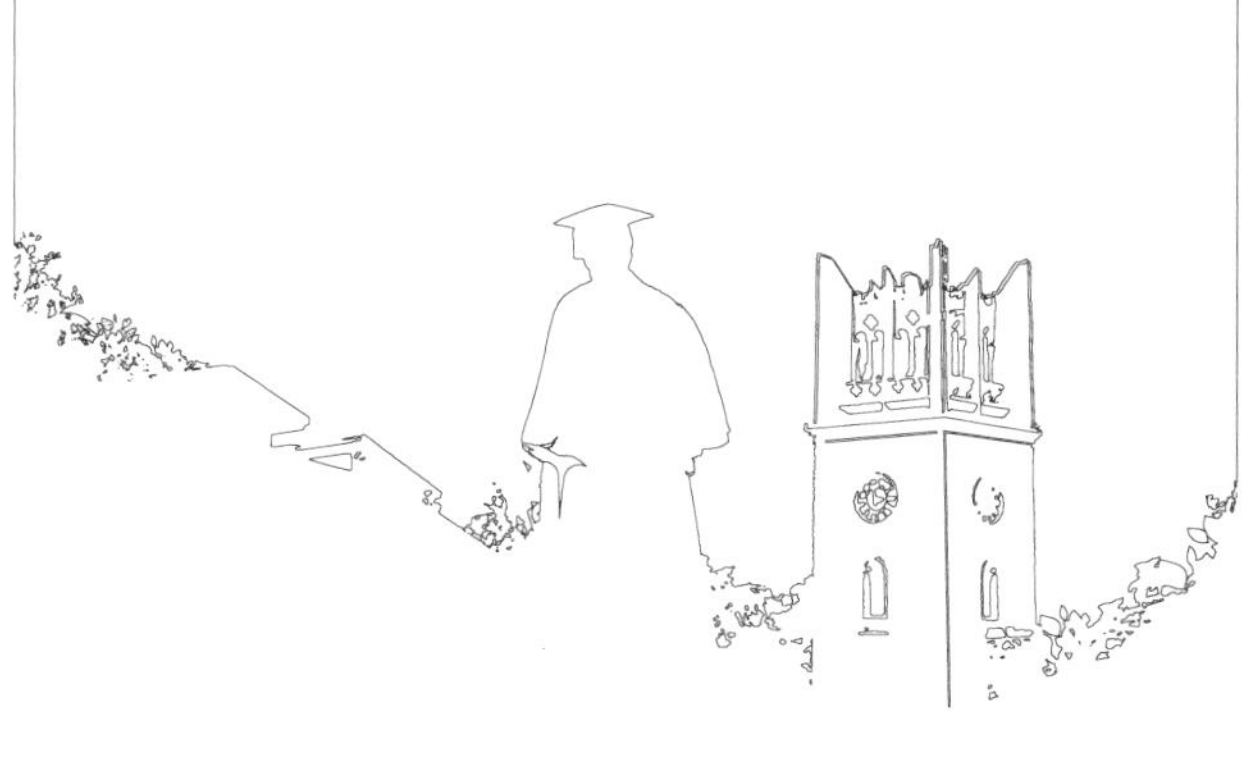

早稲田新書
020

# はしがき

本書は二〇二一年に刊行された拙著『多文化社会の消費者認知構造――グローバル化とカントリー・バイアス』（早稲田大学出版部、以下、前著）をもとに、そのエッセンスを凝縮したうえで、筆者の最新の研究成果や研究休暇（サバティカル・リーブ）による海外視察で得た知見などを加味して執筆されたものである。前著は学術書として上梓され、幸運にも有力な賞を複数受賞できた。

しかし、前著はあくまで研究者向けの本であり、専門的な内容であるため、一般の読者層にとっては難解なところがあった。そこで、主に海外事業に携わるビジネス・パーソンや、インバウンド・ビジネスを推進する国内事業所で働く方に向けて、カントリー・バイアスについてわかりやすく解説したのが本書である。

カントリー・バイアスとは、外国に対する先入態度のことである。例えば中国や韓国で時折表面化する反日感情は、「消費者アニモシティ（敵対心）」というカントリー・バイアスで捉えられる。メディアでは反日感情が取り上げられることが多いが、本書はむしろ親日感情のようなポジティブなカントリー・バイアスについて中心に扱いたい。というのも、ポジティブなカントリー・バイアスこそが、外国人の日本製品・サービスに対する評価に好ましく作用し、長きにわたり日本のファンになってもらう契機となるからである。

本書の構成は前著に倣った。つまり、本書と前著の各章は対応関係にある。本書の内容をより専門的に理解するには、前著の該当章をご一読されたい。本書はカントリー・バイアス研究のより核心的な部分にアプローチするための、いわば手引きとなっている。

本書で提示される内容は、わが国の製品・サービスのさらなる普及に参考となるだけでなく、日本という国家のイメージを底上げしていくヒントとなるだろう。研究者のみならず、グローバルビジネスに携わられている多くの方々の参考になれば筆者としては望外の喜びである。

寺﨑 新一郎

目次

## 第4章　グローバルとローカルの相互作用……83

## 本書で取り上げるキーワード

**〈消費者心理に影響を与える基礎的要因〉**

**カントリー・バイアス**…外国に対する先入態度

**カントリー・オブ・オリジン（COO）**…製品やサービス、ブランドの原産国（本社所在地）

**規範的影響**…第三者への同調傾向

**マクロな国家イメージ**…ある国の先進度合いを認知的なイメージで捉える概念

**〈ポジティブな消費者心理に関係する言葉〉**

**消費者アフィニティ**…特定の国家に対する好意や愛着、感嘆（↔消費者アニモシティ）

**消費者コスモポリタニズム**…異文化に対する寛容さ、それに対する賛美（↔消費者エスノセントリズム）

**コスモポリタン消費者**…外国や異文化に対してオープン・マインドで、外国や異文化からの製品を多様性の観点から好ましく評価し、快く受け入れる消費者

CCGI…ローカルよりもグローバルな社会への関心が高い、グローバル・アイデンティティ型のコスモポリタン消費者（↔ CCLI）

CCLI…異文化に対する寛容さや多様性の尊重といったコスモポリタン的価値観を有しながらも、自国文化を主たるアイデンティティとする消費者（↔ CCGI）

**生得的な国際的社会ネットワーク**…両親から受け継いだ外国人との接点

**後天的な国際的社会ネットワーク**…自らの国際的な経験を通して能動的に獲得される外国人との接点

**文化的アイデンティティの追求**…一般的な自国民に対してコスモポリタン的な差異を求める行動
**舶来品嗜好**…舶来品とりわけ西洋からの品物を好意的に受容し、選択する傾向
**オーセンティックな経験**…留学や旅行先でしか味わえない本物の経験

**〈ネガティブな消費者心理に関係する言葉〉**
**消費者アニモシティ**…二国間の対立により生じた、特定の国家に対する敵対心（↔消費者アフィニティ）
**消費者エスノセントリズム**…自国経済を保護するために外国製品の購入を控えるという、消費者の社会的および個人的な規範にもとづく信念、自国中心主義（↔消費者コスモポリタニズム）
**ナショナル・アイデンティティ**…自国への帰属や結びつきを大切にし、自国民であることを強く意識することで生じる心的状態
**ナショナル・アイデンティティの再考**…海外に長期滞在している際、何らかのイベントをきっかけに改めて母国を再評価すること
**適応ストレス**…異文化環境下での対応力や習慣の違いに起因したストレス

〈その他〉

**コーズ・リレーテッド・マーケティング**…社会的意義のある支援とビジネスとを両立させるマーケティング戦略

**解釈レベル理論**…対象や目標への心理的距離と認知的な情報処理の変化を説明する理論

**社会的アイデンティティ理論**…人々は自己認識にもとづき、集団を内と外に分けて捉えるとする理論

# プロローグ　カントリー・バイアスを通した消費者心理の理解

## 1　本書が生まれた背景

### 国家間の対立に揺るがぬ消費者心理とは

二〇〇〇年代後半から現在に至る歴史の中で、とりわけ顕著な潮流の一つに保護主義的な消費者態度の顕在化がある。つまり、国外製品を意図的に避け、国内製品を支持しようという、消費者のナショナリズムに付随した態度がグローバルに観察されるようになってきた。こうした潮流は、米中対立を始めとした貿易摩擦や安全保障問題の影響を色濃く反映しており、一定の層に少なからずみられる兆候である。

しかしながら、あなたの友人、知人、あるいは家族の中で、中国や韓国、台湾といった日本に身近な国々や地域に魅了され、そうした国や地域でつくられた映画やドラマ、音楽その他文物の虜となっている人はいないだろうか。

例えば二〇〇〇年代初頭頃からテレビドラマや歌謡曲を通して普及してきた韓流は、女性を中心として今では幅広い年齢層に支持されている。近年は、韓流に加えて中国、台湾のテレビドラマや担々麺、スイーツにみられる華流も人気を集めている。

興味深いのは、消費者心理は政治経済上の二国間関係に左右されつつも、半年もすれば韓流、華流に戻ってくる人々、あるいはそもそも二国間の政治経済関係などの外部環境に左右されず、日常的に外国文化に没入している人々がとても多いことである。

本書はこうした相反する動きについて、国家に対する先入態度、すなわちカントリー・バイアス（country biases）の視点から理論的に読み解くべく、可能な限り平易な言葉で体系的に論じたものである。

## カントリー・バイアスにはどのような種類があるか

カントリー・バイアス研究は一九八〇年代後半に消費者エスノセントリズム尺度（第2章で詳しく述べる）が開発されて以降、現在に至るまでマーケティングや消費者心理学における一つの確立された領域として研究が進められている。

従来、カントリー・バイアス研究は自国中心主義を意味する消費者エスノセントリズム（consumer ethnocentrism）（Shimp & Sharma, 1987）、特定の国家に対する敵対心を意味する消費者アニモシティ（consumer animosity）（Klein et al., 1998）に代表される、ネガティブな概念を中心に扱われてきた。

しかしながら、交通網や通信技術の発達により国家間の移動や情報のやり取りが円滑になる中で外国が身近に感じられるようになり、それに伴ってポジティブなカントリー・バイアスを有する消費者も増えてきている（Riefler et al., 2012）。ポジティブなカントリー・バイアスには、異文化に対する寛容さや賛美を意味する消費者コスモポリタニズム（consumer cosmopolitanism）（Cannon et al., 1994）、そして特定の国家に対する好意や愛着を意味する消費者アフィニティ（consumer affinity）（Jaffe & Nebenzahl, 2006）が代表例として挙げられる。

読者の周りにも、エスニック料理への関心が高く、タイ料理やベトナム料理などの虜になっている人や、比較的マイナーな国への旅にふと出かけたりするような人はいないだろうか。また、韓国ドラマに夢中になったことがきっかけで、ジャージャー麺やスンドゥブチゲといった韓国料理に触手を伸ばしている人はいないだろうか。こうした人々を学術的に紐解けば、前者は「消費者コスモポリタニズム的傾向がある人」、後者は「消費者アフィニティ的傾向がある人」として分類される。

## 相反するカントリー・バイアスがなぜ併存し得るのか

興味深いのは、ポジティブおよびネガティブなカントリー・バイアスが一人の人間の中で併存する場合があることである。ウィーン大学のエヴァ・オベレッカーらは「エスノセントリズム（自国中心主義）的な消費者であっても、単にその国が好きというだけで、アフィニティ（好意や愛着）を感じている国からの製品を購入することに関心を示すかもしれない」(Oberecker et al., 2008, p. 36）として、こうした相矛盾した二つの態度間の関係性を示唆している。

とはいえ、なぜこうした併存関係が想定されるのだろうか。考えられる理由として、ネガティブなカントリー・バイアスとポジティブなカントリー・バイアスそれぞれをもたらす先行要因の違いが挙げられる。

ネガティブなカントリー・バイアスは政治経済や歴史認識といった、マクロ的な要因から形成されるのに対して（Oberecker & Diamantopoulos, 2011)、ポジティブなカントリー・バイアスは異文化や特定の国家に対する個人的な経験や嗜好性といったミクロ的な要因で形成される（Oberecker et al., 2008)。

ここで、あなたの身の回りにいる対韓アフィニティ（好意、愛着）の高い消費者を思い起こしてみよう。この消費者は親しい韓国人留学生が身近にいる、K－POPが好きでよく聴いているといった、ミクロ的な要因から韓国に対してアフィニティを感じたりしていないだろうか。対照的に、韓国の政治経済に対する関心の高さから、アフィニティを感じている人はあなたの周りにいるだろうか。後者に比べると、前者のパターンの方が多いと容易に想像されるだろう。

こうした先行要因の違いから、カントリー・バイアスの多層性が示唆される。確かにいえるのは、マクロ的な要因はマーケティング・コミュニケーションによるコントロールがなかなか難しい一方で、ミクロ的な要因はコントロールが比較的可能なことである。

## ポジティブなカントリー・バイアスをいかにレバレッジするか

潜在的なコミュニケーション上の有効性の観点から、著者はポジティブなカントリー・バイアスを中心に研究を進めてきた。ポジティブなカントリー・バイアスが影響を及ぼしやすい条件や要因を特定できれば、ネガティブなカントリー・バイアスを緩和ないしそれを乗り越えたコミュニケーションが可能になると考えるからである。

日本はこれまで中国や韓国においてネガティブなカントリー・バイアスから生じた製品ボイコット運動に度々悩まされてきたが、その原因は政治経済上の軋轢が主であった。こうした軋轢は一企業や個人の力ではどうにもコントロールできないものであり、製品ボイコット運動にまつわる一連の心的メカニズムが解明できても、マーケティング・コミュニケーション上は手の施しようがない。

一方で、ポジティブなカントリー・バイアスを醸成ないしレバレッジ（増幅）するようなコミュニケーションを行うことができれば、こうした運動を緩和させつつ、製品・サービスの評価をより好ましいものに導けるかもしれない。実際に、筆者が立命館大学のキム・チャンジュ教授のもと、明治大学の古川裕康准教授らと行った研究では、消費者のアニモシティ（敵対心）がボイコット運動に及ぼすネガティブな影響を、アフィニティ（好意、愛着）が和らげていた（Kim et al., 2022）。

さらに、筆者が早稲田大学の石井裕明准教授及び高知大学の磯田友里子講師と取り組んだ研究では、消費者アフィニティが影響を及ぼしやすい条件を、解釈レベル理論（construal level theory）（Trope & Liberman, 2003）及び制御焦点理論（regulatory focus theory）（Higgins, 1997）の観点から特定している（Terasaki et al., 2022）。

具体的には、ある国に対してアフィニティの高い消費者は、アフィニティ国を身近に感じることから、そこからの製品を買って失敗したくないという「守り」の心理が働く。一例として、守りの製品アピール（「五つの有効成分が辛いカサカサ乾燥から肌を守る」）の方が、「攻め」の製品アピール（「五つの美容成分が肌にみずみずしい潤いを与える」）よりも好意的な評価が得られていた。

逆に、その国に対してアフィニティの低い消費者は、アフィニティ国を心理的に遠く感じることから、先ほどの「失敗したくない」という心理が働かず、攻めの製品アピールの方が、守りの製品アピールよりも好意的に評価されていた。

このように、ポジティブなカントリー・バイアスの度合いに応じたコミュニケーションを明らかにできれば、それほどポジティブなカントリー・バイアスを持たない人に対しても効果的に製品をアピールできるという、興味深い示唆が得られている。

## カントリー・バイアス研究に取り組むようになったきっかけ

さてここで、筆者がカントリー・バイアス研究に取り組むきっかけとなった経緯について説明しておきたい。

筆者は早稲田大学商学部を卒業後、ロンドン大学の大学院に留学した。留学期間を終えて日本に帰国後、母校である早稲田大学の博士後期課程に進学したものの、前のめりに取り組めるテーマに出合えず、悶々とした日々を送っていた。

こうした中、経営学の主要誌に掲載された特集号に着目し、何か興味深いテーマはないかと一〇年分ほど整理してみることにした。そうしたところ、読者層が比較的広い『ハーバード・ビジネス・レビュー』にて「ディアスポラ・マーケティング」という考え方に出合った。ディアスポラとは平たくいえば移民のことで、同誌では移民をターゲットにしたマーケティング戦略の将来有望性について説明されていた。

ロンドンへの留学時代を思い返してみると私自身が短期間であったとはいえ留学生という移民に準じた存在であったこと、また、日本社会もグローバル化が進む中で留学生や移民がますます増えてくると予見したことをきっかけに、留学生や移民を一つの消費者群として捉え、アプローチしていくマーケティングが、そう遠くない未来に顕在化するように想像されたのである。

それから、九州大学で助教として奉職することになった。同大学の箱崎キャンパスの近隣にはインド人やネパール人が多く生活し、エスニックなレストランや食料品店が多く存在していた。箱崎キャンパスでの研究生活の傍ら、こうした移民の方々も日本に長く住むうちに考え方や価値観に変化が生じ、そのうち順応していくように思われた。このメカニズムを理論的に明らかにするべく、分析的な視点を探していたところ、先に述べた消費者コスモポリタニズム（異文化に対する寛容さ、それに対する賛美）の概念に出合ったのである。

## 2　本書のコンセプト

前述の通り、消費者コスモポリタニズムとの出合いが契機となり、それに派生した研究を進めていくことで本書は書き上げられた。

本書のコンセプトは専門家に対して書かれた研究書ではない。一人の研究者が日々の仕事を通してどのような課題や問いを発見し、それらに対してどのようにアプローチし、成果を発信してきたか、この一連の流れを記述することに重点を置いている。

その理由は、こうしたプロセスを知ることで、まず研究の面白さを知ってもらう方が、専門的な研究にストレートに入っていくよりも重要であると考えたからである。また、課題の発見から成果の発信に至るまでのストーリーが、研究的なロジックの組み立て方や発想法、手続などを知るうえで参考になるからである。本書はこうしたストーリーの一事例に過ぎないが、多くの研究者や文献と対話していくことで、自らのモノの見方や考え方が洗練され、結果としてある程度の汎用性が見込まれるストーリーに仕上がっていると思う。

近年は長引く不況のためか、「コスパ」や「タイパ」といった言葉が流行している。しかし、日本以外の国々は力強く成長を続けており、わが国はこうした環境下で日々厳しい戦いを強いられている。「コスパ」などの言葉に象徴される効率性を重んじる生き方をしても、現状維持どころかジリ貧になっていくのは目にみえている。

食料やエネルギーの自給率の低い日本では、経済力を伸ばし続けて購買力を高めていくことが求められる。経済力を伸ばすカギは色々とあるだろうが、研究的なモノの見方や考え方はその土台としてますます重要になってきている。というのも、それらは世界共通であり、グローバルにビジネスを展開していく上でのインフラであるからだ。

はしがきで述べたことの繰り返しになるが、本書の読者の中で、一人でも多くの方に研究の面白さを知っていただき、実生活に取り入れ、より充実した仕事や学生生活の一助となれば、この上なく嬉しい。

## 【コラム】訪日観光を通して海外でのプレゼンスを高める

訪日外国人が、旅行を通して日本の製品・サービスに関心を持ち、帰国後もこれらを欲することで、輸出が促進される。こうした好循環はインバウンド・アウトバウンド・ループ（Inbound outbound loop、以下、ＩＯＬ）として、早稲田大学インバウンド・ビジネス戦略研究会により概念化され、観光関連業界にて一定の支持が得られている（池上，2021）。このコンセプトは、単なる訪日観光による経済効果に留まらない、日本経済全体の持続的な成長に不可欠な考え方を私たちに提示してくれる。

筆者はデンマークのコペンハーゲン・ビジネススクールでの在外研究時代に、実際にＩＯＬが機能している次のような場面を目の当たりにした。

コペンハーゲン市内には、アジアの食料品を扱った店が散見される。母国が恋しくなった筆者は、滞在後まもなくこうした店で買い物をする機会が徐々に増えた。その中でまず気づいたのは、日本の食品のシェアがあまり高くないことである。食料品店に置かれている食料品のうち、日本の食品の割合は感覚として五％あるかないかといったところだった。当初筆者はその原因について、日系企業のマーケティングが他国企業と比べて二の足を踏んでいるからだと考えていた。

しかしながら、滞在が長くなるにつれ、タイやマレーシア、中国からの食品が多く扱われているのは、現地のデンマーク人からのリクエストによるものだと分かった。すなわち、デンマーク人がこうした国々への旅行を通して、その国の食文化に魅了され、帰国後も旅行先で体験した味が恋しくなっているのである。

アジアの食料品店を訪れるとアジア系の人々よりも、地元のデンマーク人と思しき白人の方が多く目に付くうえ、実に多様な食品に触手を伸ばしている姿を目撃した。例えば、気軽に調理できる即席麺のみならず、調味料やシーズニングといった、一定のスキルがなければ扱えない食品などである。加えて、ヨーロッパでは家族旅行が盛んなためか、子連れの客も少なからずみられた。

以上から、わが国の観光振興は、単に観光によって外貨を獲得する側面だけでなく、海外における日系企業のプレゼンスを上げる貴重な機会という側面もあることが示唆される。観光というサービス体験と、モノやサービスの輸出を分けて考えるのではなく、これらは有機的に連鎖していることを、もっと認識していくべきであろう。

# 第1章　ポジティブなカントリー・バイアス

## 1　カントリー・バイアス研究の新潮流

プロローグで、カントリー・バイアスにはポジティブなものと、ネガティブなものが存在することを述べた。このうち、ポジティブなカントリー・バイアスが提唱されたのは一九九〇年代半ばからであり、ネガティブなカントリー・バイアスから一〇年ほど経過したタイミングである。しかも、ポジティブなカントリー・バイアスが本格的に研究され始めたのは二〇〇〇年代中盤以降であり、ネガティブなそれが一九八〇年代後半から精力的に研究されてきたのとは対照的である。

一九八〇年代後半と、二〇〇〇年代半ばで決定的に異なるのは、インターネットの普及の有無だろう。そもそも一九八〇年代にインターネットは商用化されておらず、一般的な普及は二〇〇〇年代初頭からである。当時はスマートフォンこそなかったが、インターネットを通して外国の様々な文化に即時的に触れることが可能になり、またメールやＳＮＳなどを通して、海外との交流も簡単に行えるようになった頃である。

二〇一〇年代に入ると、インバウンド（訪日）客や留学生が日本に大量に流入してきたように、外国人がより身近な存在となり、こうした人々を意識する機会も増えてきた。それまでは自動車や化粧品、映画など、製品を通して間接的に外国がイメージされてきたが、オンデマンド・コンテンツの視聴や外国人とのリアルな交流を通して、外国や異文化が身近に感じられ、そのイメージはよりクリアに、実感をもって捉えられるようになった。

こうした背景から、時間の経過とともにポジティブなカントリー・バイアスを有する消費者が増え、それに伴って二〇〇〇年代半ばから現在に至るまで、カントリー・バイアス研究の一つの大きな柱として、ポジティブなカントリー・バイアスが盛んに研究されるようになったのである。

## 2　ポジティブなカントリー・バイアスに関する概念

ポジティブなカントリー・バイアス、およびその関連概念は、マイナーなものを含めると実に多岐にわたる。そこで本書ではメジャーなものとして消費者アフィニティ（好意や愛着）、消費者コスモポリタニズム（異文化に対する寛容さ、それに対する賛美）に注目し、ポジティブなカントリー・バイアスとして紹介する。

ポジティブなカントリー・バイアスの類型化には、リール・カトリック大学のソークナー・ロスらによる二〇一五年の枠組みが参考になる（Zeugner-Roth et al., 2015）。ロスらは、社会的アイデンティティ理論（social identity theory）（Tajfel, 1974）にもとづき、消費者のエスノセントリズム、コスモポリタニズム、ナショナル・アイデンティティをそれぞれ向内集団的かつ反外集団的、向外集団的、向内集団的概念として類型化した。

社会的アイデンティティ理論における内と外とは、各人が所属する集団を内、そうでない集団を外として捉え、アイデンティティの境界線を明瞭にする考え方である。カントリー・バイアス研究に同理論を取り入れた場合、内集団を母国、外集団を外国と捉えることになる。

この考え方の下では、消費者コスモポリタニズム、消費者アフィニティともに向外集団（外国）かつ内集団（母国）についてはニュートラルな概念として類型化できる。つまり、外国に対してポジティブな一方、母国には中立的なバイアスがかかることになる。

それぞれ社会学、心理学をベースに、消費者行動のコンテキスト（文脈）に落とし込まれて提唱された概念である。その他の違いとしては消費者コスモポリタニズムが複数国を対象とするのに対し、消費者アフィニティは単一国を対象とするバイアスであるという点が挙げられる。

さて、紙幅の関係上、マイナーな概念の詳細に触れることは叶わないが、次に主要な概念について説明しておきたい。

## 3　消費者アフィニティ（好意や愛着、感嘆）

### 消費者アフィニティに注目する理由

特定の国家に対する好意や愛着、感嘆を概念化した消費者アフィニティは、向けられる対象が単一国であるという点で、消費者コスモポリタニズムと大きく異なる。消費者アフィニティはコペンハーゲン・ビジネススクールのユージーン・ヨッフェとイスラエル・ネーベンザールによって二〇〇六年に最初に提唱された（Jaffe & Nebenzahl, 2006）。

消費者アフィニティに関する論文でよく引用されるのは、後述のオベレッカーらによる二〇〇八年、二〇一一年に書かれた論文である。ヨッフェらとオベレッカーらが大きく異なる点としては、ヨッフェらの概念化では、消費者アフィニティは特定の国家に対する敵対心を意味する消費者アニモシティの対立概念として位置づけられていることである。つまり、ヨッフェらは特定の国家に対し、消費者アフィニティの高い人は消費者アニモシティが低く、消費者アフィニティが低い人は消費者アニモシティが高いという関係性を想定し、概念化したのである。これに対しオベレッカーらは、これらの相反する二つの概念は先行要因が大きく異なり、互いに独立した概念であると主張しており、ヨッフェらのように対立概念とはみなしていない。

ルピン・アカデミックセンターのアサラフとハイファァ大学のショハムによる検証では(Asseraf & Shoham, 2016)、消費者のアフィニティとアニモシティは併存することが分かっている。

筆者もオベレッカーらやアサラフらと同じく、消費者アフィニティとアニモシティは併存するという立場を取っている。その大きな理由としては、各概念の先行要因の違いが挙げられる。

消費者アフィニティが対象国に対する個人的な経験や嗜好性が要因となって形成されるのに対し、消費者アニモシティは対象国との政治面や経済面での対立が要因となって形成される。換言すると、消費者アフィニティはミクロ的な要因を、消費者アニモシティはマクロ的な要因をその先行要因としている。この違いを押さえておくことは重要である。

プロローグでは、近年、韓国や中国、台湾といった異文化からの留学や旅客、コンテンツが日本に大量に流入すること、つまりそれらとの個人的な接触によって、各国や地域に対する消費者アフィニティが形成されていると述べた。

他方で、これらの国や地域に対する消費者アニモシティは、個別企業や個人ではコントロールしようのない、国家間の政治や経済面での対立により生じたカントリー・バイアスである。したがって、消費者アニモシティのように、外部環境の変化に乗じて生じる概念よりも、個人や企業活動によって涵養することができる消費者アフィニティに注目した方が、マーケティング戦略に援用可能な示唆がより期待されるのではないだろうか。ゆえに筆者は消費者アフィニティに注目しているのである。

## 消費者アフィニティの概念化

さて、消費者アフィニティの概念化にあたっては、二つの考え方が混在している。一つ目の考え方は、国家に対する感情（どのような気持ちになるか）にフォーカスしたオベレッカーらの捉え方（Oberecker & Diamantopoulos, 2011）、もう一つの考え方は国家に対する認知（どのように捉えているか）にフォーカスしたタイ国立開発行政研究所のニッタヤ・ウォンタダら（Wongtada et al., 2012）及びノルウェイジャン・ビジネススクールのエリック・ネスら（Nes et al., 2014）の考え方である。

現在主流になっているのは、感情にフォーカスしたオベレッカーらの考え方であり、筆者もこれに賛同している。その大きな理由は、「認知が感情を生起する」というスタンフォード大学のクレイグ・スミスとフィビー・エルスワースが唱えた評価理論（appraisal theory）（Smith & Ellsworth, 1985）の観点から、認知と感情を分けて捉える必要があると考えるからである。

筆者がツーリズム・レクリエーション・リサーチに発表した論文では、その国の政治経済や教育、科学技術の水準といったマクロ的な国家イメージを「認知的な国家イメージ」に、消費者アフィニティを「感情的な国家イメージ」に分けて捉え、各国家イメージが米国人の再訪日意向に及ぼす影響が検証されている（Terasaki et al., 2023）。

その結果、その国に先進的なイメージを抱く人ほど、その国に好意や愛着を感じており、評価理論で提示された認知が感情を生起するという関係性が再現されている。ゆえに、本書においても国家に対する認知（どのように捉えているか）ではなく国家に対する感情（どのような気持ちになるか）の観点から消費者アフィニティを捉えた、オベレッカーらのアイディアを採用したい。

## 人びとの消費者アフィニティを高めるにはどうすればよいか

それでは、消費者アフィニティを高めていくには、どのような要素に注目すれば良いだろうか。この問いに答えるべく、消費者アフィニティの度合いを測る実際の尺度を参照してみたい（表1）。本尺度は二〇一九年にコペンハーゲン・ビジネススクールのフローリアン・コックらによって開発された、感嘆（admiration）、好意（liking）、愛着（attachment）という三つの要素から消費者アフィニティを測定するものである。

表1　消費者アフィニティの測定項目

| 質問項目 |
|---|
| **感嘆**（admiration） |
| 1. 私はこの国に魅了されている。 |
| 2. 私はこの国に感銘を受けている。 |
| 3. 私はこの国に感心している。 |
| **好意**（Liking） |
| 1. 私はこの国が好きだ。 |
| 2. 私はこの国を溺（でき）愛している。 |
| 3. 私はこの国に共感の気持ちを覚える。 |
| **愛着**（Attachment） |
| 1. 私はこの国とつながっている。 |
| 2. 私はこの国に絆（きずな）を感じる。 |
| 3. 私はこの国に愛着を感じる。 |

（注）回答形式：7ポイントのリッカート尺度　1＝まったく同意しない、7＝非常に同意する。邦訳は筆者と武谷慧悟准教授（駒澤大学）で行ったものを挙げた。
（出所）Kock et al.（2019）

消費者アフィニティ尺度は、二〇一一年にオベレッカーらによって作成された、共感（sympathy）と愛着（attachment）という二つの要素からなる尺度が初出であるが（Oberecker & Diamantopoulos, 2011）、本書ではより最新の知見を反映した表1の尺度を掲載した。

コックらの尺度は、オベレッカーらの許可の下、より包括的に消費者アフィニティを測定するために開発された。表1に挙げられた消費者アフィニティの測定項目から、ターゲット国に対する感情的な側面（感嘆、好意、愛着）について尋ねていることが分かる。例えば、アフィニティ国を日本とした場合、訪日や留学、駐在といった直接的な経験に加え、テレビドラマやアニメの視聴、ゲーミングといった間接的な経験を積んでもらうことで、日本に対する感嘆や好意、愛着といった感情をいかに涵養するかが、ポイントになる。

本尺度はすでに多くの研究論文で引用されており、消費者アフィニティを測定する主要な尺度として活用が進んでいる。

さて、先行研究では一貫して、消費者アフィニティは対象国からの製品やサービスに対し好ましい評価を及ぼしていた（Terasaki et al., 2022）。しかも、消費者アフィニティの高い消費者は、たとえその製品が価格不相応であったり、品質面でライバル製品よりも優位にない場合であったりしても、アフィニティ国からの製品を進んで購入することが分かっている（Papadopoulos et al., 2017）。

ここから示唆されるのは、ターゲット国の消費者に対し、自国の好ましいイメージを後押しするようなコンテンツを発信し、消費者アフィニティを高めていくことの重要性である。

消費者アフィニティが高まると、ターゲット国へ向けた製品・サービスの輸出の拡大や、その国からの旅客や留学生の獲得に結び付くと推測される。

実際に近年、韓流コンテンツの世界的な流行にみられるように、韓国文化への間接的な接触が、外国人の韓国に対する消費者アフィニティを高め、結果として韓国発の製品やサービスの消費に結び付いてきているように思われる。筆者が二〇二二年八月にスウェーデン最南端の街、ヘルシンボリを訪れた際には、韓流関係の雑誌を港湾近くのコンビニエンスストアでも目にすることができた。もはや、韓流はアジアを越えた世界的な消費コンテンツとなっている。

筆者が教育の現場に立っていて常々感じていることは、日本製のアニメやゲーム、ドラマといったコンテンツがいかに対日アフィニティにプラスに働き、日本という国家イメージ、ひいてはその経済に好ましい影響を及ぼしているかということである。

新聞やニュースをみていても、対日ボイコット運動など、消費者アニモシティが日本経済に及ぼすネガティブな影響はよく報道されるが、消費者アフィニティが日本経済にもたらすポジティブな影響についてはあまり報道されていない。

対日アフィニティをもたらす要因、その成果、そして対日アフィニティに相乗効果をもたらす要因などを把握し、海外に対して積極的にプロモーションを仕掛けていくことが、海外との友好的な発展、そしてわが国の経済的な復興により重要となるものと想像される。

## 4　消費者コスモポリタニズム（異文化への寛容さや賛美）

### 増え続けるコスモポリタン消費者

消費者コスモポリタニズムはウェイン州立大学のヒュー・カノンらによって一九九四年に提唱された概念である（Cannon et al., 1994）。ウィーン大学のペトラ・リーフラーらによれば、コスモポリタン消費者は外国や異文化に対してオープン・マインド（開放的）で、外国や異文化からの製品を多様性の観点から好ましく評価し、快く受け入れる特徴があるという（Riefler et al., 2012）。

消費者コスモポリタニズムは筆者が初めて出合ったカントリー・バイアス概念である。その概念的な特徴を理解するにつれ、自らの価値観と共通する部分が多く、この領域で議論されているテーマや発見は経験的にも腑に落ちやすかった。コスモポリタン消費者の特徴として特に興味深いのは、グローバル・ブランドに対する態度である。

リーフラーらによる二〇一二年の研究では、コカ・コーラやソニーといったグローバル・ブランドに対し、コスモポリタン消費者はポジティブにもネガティブにも反応せず、好ましい評価が下されていなかった。その理由として、コスモポリタン消費者は文化的な対比や違いの探求を愉しむ傾向があり、コカ・コーラやソニーなどグローバル・ブランドのような標準化された製品・サービスには特段の興味を示さないからだという。

日本では舶来品信仰からか、外国製の自家用車や服飾品などを好む層も多く、こうした製品の多くは国産品よりも高価であるとはいえ、大量生産されたグローバル・ブランドの下で展開されている。これに対し、コスモポリタン消費者はリーフラーらの検証からこうした製品よりもむしろ各国独自の料理や音楽、テレビ番組などに興味を示していた。

わが国では、外貨を稼ぐ有望な手段としてインバウンド・ビジネスの振興が謳われて久しい。上記に挙げたコスモポリタン消費者の特徴に鑑みると、インバウンド客の中でも、コスモポリタン消費者に焦点を当てることで、観光や出張を通して日本独自の文化を効果的に訴求することが可能となるだろう。

とはいえ、インバウンド客の中には、パナソニックや象印など日本のグローバル・ブランドの購入を目的として来日する人も少なくない。例えば、日本製品を爆買いしていた中国人観光客はその代表例である。

しかしながら一方で、昭和の残り香が漂う、東京の谷中や大阪の中崎町といったスポットは、ショッピングではなく文化的な対比や違いを愉しむようなコスモポリタン消費者で溢れている。つまり、どこか懐かしさの感じられるオーセンティックな日本の風景に心惹かれているのである（寺﨑，2019）。

日本人にとっては何気ない光景が、外国人とりわけコスモポリタン消費者にとって魅力的に映っている。このことは、効率化や新しさを求める街づくりが、日本のオーセンティックな風景や事物を評価してくれるインバウンド客にとってネガティブに働くことを示唆している。インバウンド・ビジネスに携わるすべてのステークホルダー（利害関係者）はこのことに留意しておく必要があるだろう。

## コスモポリタン消費者の特徴

最後に、セグメントとしてのコスモポリタン消費者の特徴をまとめておきたい。

筆者が二〇一六年に行った先行研究のレビューによると（Terasaki, 2016）、消費者コスモポリタニズムにプラスに働く要因としては教育水準の高さや国際的な経験、逆にネガティブに働く要因として年齢が挙げられる一方、収入や性別、婚姻の有無との関連性はないことが分かっている。

そのほか、ネゲヴ・ベン・グリオン大学のアミール・グリンステインらは左派的なヒューマニストであることをコスモポリタン消費者の特徴の一つに挙げている（Grinstein & Riefler, 2015）。

世界に目を転じるとわが国とは異なり、ベトナムやインドネシア、マレーシアといった東南アジアの新興国を中心に高い経済成長が続いており、それにつれて中産階級も急速に増加してきている。筆者がロンドンに大学院留学した際にも、こうしたアジアの新興国からの留学生は少なくなく、総じて裕福で優秀な人が多かった。

コスモポリタン消費者というと、西洋諸国の人々というイメージを抱く方もいるかもしれないが、今後はアジアの新興国からも続々とコスモポリタン消費者は増えていくものと推察される。こうした将来像をみすえ、コスモポリタン消費者の増加をインバウンド・ビジネス振興の機会としていち早く捉えていくことがより重要になってくるだろう。

## 【コラム】　インドネシア大使館でのバザールにみる消費者アフィニティ

世界史に詳しい人ならば、オランダとインドネシアの歴史的な接点について知っている方も多いだろう。

筆者はコペンハーゲン滞在中にフラットメイト（K氏）の誘いを受け、在デンマーク・インドネシア大使館で開催されたバザールに参加した。そこで、共通の友人を通してオランダ人男性（Y氏）と知り合い、ランチでの会話を通して、両国が共有する歴史がもたらした意外な行動変容について知ることができた。

Y氏によれば、オランダがインドネシアを植民地支配していた経緯から、いまでもインドネシアの文化が身近に感じられる機会が多く、とりわけその食に対する関心は非常に高いという。Y氏は西洋人であるにも関わらず、インドネシアを始めとしたアジア全般の食について、日本人である筆者を上回るほどの見識を備えていた。

滞在期間が短かったことから、数回ほどしか対話の機会はなかったが、幼い頃からインドネシアの文化に親しむことで、インドネシアへのアフィニティが高くなり、またそれと派生してアジア諸国全般にも興味が湧いてきたそうである。なお、Y氏の愛車は日本車である(マツダ)。

また、コペンハーゲンのような大都市では、異文化との出合いの場として教会が大きな役割を果たしていることも分かってきた。前述のフラットメイトはインドネシア人ではあるが、クリスチャンであり、日曜日の礼拝を通して現地人のみならず、様々なバックグラウンドを持つ人々と知り合っているという。

K氏は米国で博士号を取得し、いまは研究員としてデンマークで働いているが、米国生活でも同様に教会を通した異文化交流は盛んだったそうである。筆者もロンドンでの留学時は時折礼拝に行く機会があり、西洋人や留学生の日常に触れることで、彼(女)らの母国に対する関心は高まり続けていた。

日本にいると、文化変容の機会が海外ドラマや洋画の視聴といったコンテンツ消費に限られてしまうことが多い。より消費者アフィニティを高めていくためには、教会でなくても良いが、それと似たようなコミュニティを外国人と共有していくことが鍵になってくるものと思われる。

# 第2章　ネガティブなカントリー・バイアス

## 1　源流としての消費者エスノセントリズム

本章は、ネガティブなカントリー・バイアスを代表する消費者エスノセントリズム（自国中心主義）、そして消費者アニモシティ（敵対心）に注目し、その概念的な位置づけや特徴などについて実務的な示唆を交えて紹介したい。

カントリー・バイアス研究は、一九八七年にサウス・カロライナ大学のテレンス・シンプおよびサブハッシュ・シャーマらによる消費者エスノセントリズム概念の提唱に始まった（Shimp & Sharma, 1987）。一九九八年にはメルボルン・ビジネススクールのジル・クレインらによる消費者アニモシティ概念の開発が行われ（Klein et al., 1998）、以後現在に至るまで多くの研究が発表されている。

そこで、ネガティブなカントリー・バイアスを代表する概念として、第2章では消費者エスノセントリズム及び消費者アニモシティに焦点を当て、解説していく。

## 2　消費者エスノセントリズム（自国中心主義）

### 日米貿易摩擦を端緒に生まれた概念

本節ではまず、自国中心主義を意味する消費者エスノセントリズムについて、その歴史的な背景から概要を説明しよう。

消費者エスノセントリズムは、一九八〇年代に激化した日米貿易摩擦の最中にサウス・カロライナ大学のテレンス・シンプらによって提唱された、世界で最初のカントリー・バイアス概念である。

貿易に対する保護主義的な立場や、経済的な対立などから、現在も消費者エスノセントリズムは依然としてグローバルに観察され、この視点から読み解くことができる人々の行動も多い。最も正統的な定義としては、シンプらによる以下の概念化が挙げられる（Shimp & Sharma, 1987）。

消費者エスノセントリズムは、すなわち「外国製品を購入することに対する適切さ、実際的には倫理観について、消費者が抱く信念」（前掲、p. 280）と定義され、自国経済を保護するために外国製品の購入を控えるという、消費者の社会的および個人的な規範にもとづく信念である（Verlegh & Steenkamp, 1999）。

消費者エスノセントリズムを大いに刺激した事例としては、ドナルド・トランプ前大統領の「バイ・アメリカン（米国製品を購入しよう）」が挙げられる。本スローガンは多くの米国民の心を掴み、在任中だけでなく、退陣後も熱狂的な支持者を得ている。

消費者エスノセントリズム概念をより具体的に捉えるには、シンプらが一九八七年に開発した、同測定尺度内の質問項目を辿ると分かりやすい（表2）。

そこで列挙されている質問群には、「外国産の製品を買うことは反〔〇〇（「アメリカ」「日本」などの国名が入る。以下同じ）〕的だ」や、「〔〇〇〕企業に損失を与え、失業が生じるため、〔〇〇〕人は外国製品を購入してはならない」といった、保護主義ないし愛国主義的な質問が並んでいる。消費者エスノセントリズムの定義にあるように、その根底には社会的ないし個人的に「自国ファーストであらねばならぬ」という規範が働いており、こうした規範が外国製品への評価や購買意図にネガティブなバイアスをかけてしまうのである。

表２　消費者エスノセントリズム尺度

| 質問項目 |
|---|
| 1．［○○］人は、輸入品の代わりにいつも［○○］産の製品を買うべきだ。 |
| 2．［○○］で生産されない製品だけを輸入すべきだ。 |
| 3．［○○］産の製品を買うと［○○］は発展する。 |
| 4．［○○］製品が最高だ。 |
| 5．外国産の製品を買うことは反［○○］的だ。 |
| 6．外国製品を買うと［○○］の労働者が失業するので、外国製品を買うことはよくない。 |
| 7．真の［○○］人だったら、いつも［○○］製品だけを買うべきだ。 |
| 8．他の国より豊かになるためには、［○○］製品を買うべきだ。 |
| 9．［○○］製品を買うことはいつも最善だ。 |
| 10．やむを得ない場合を除いては、外国製品を買ったり、外国と交易をしたりしてはいけない。 |
| 11．［○○］企業に損害を与え、失業を生み出すので、［○○］人は外国製品を買ってはいけない。 |
| 12．すべての輸入品は制限すべきだ。 |
| 13．長期的にはコストがかかるが、私は［○○］製品を支持するほうだ。 |
| 14．われわれの市場に外国人の製品を許してはいけない。 |
| 15．外国製品が［○○］に参入することを防ぐために、重い税金を課すべきだ。 |
| 16．自国で生産できないものだけを外国から輸入すべきだ。 |
| 17．外国製品を買う消費者は、［○○］労働者の失業増加に責任がある。 |

（注）　回答形式：７ポイントのリッカート尺度　１＝まったく同意しない、７＝非常に同意する。邦訳は駒澤大学の朴正洙教授の作成したものに（朴、2012）、若干の修正を加えた。［○○］部分には「アメリカ」「日本」などの国名が入る。オリジナルでは［○○］部分が米国となっているが、本尺度は国名を変更して利用できることから、［○○］に変更した。
（出所）　Shimp & Sharma（1987）

消費者エスノセントリズム的傾向のある消費者の特徴としては、教育水準が低く、低年収で、かつ自国経済への関心が高い人であることが明らかになっている（Klein & Ettenson, 1999）。こうした特徴はあくまで傾向であって、これらの特徴を備えた消費者がみなエスノセントリズム的であるわけではない。とはいえ、多くの研究で再現されてきた結果であり、一つの目安として心に留めておくと良いだろう。

## エスノセントリズム的な消費者にどうアピールするか

ここで、消費者エスノセントリズム的な消費者に対し、外国ブランドの評価を高める方法を紹介しておきたい。二〇一三年にイースト・アングリア大学のヤン・リらがジャーナル・オブ・ビジネスリサーチに発表した論文では、国際的なブランド提携において、自国ブランド名を先に、外国ブランド名を後に表記することで、消費者エスノセントリズムがブランド態度に及ぼすネガティブな影響をポジティブなものに転換できていた（Li & He, 2013）。

つまり、共同ブランドを発表するにあたって、自国ブランドが外国ブランドよりも先に表記されることで、自国ブランドの優越性をほのめかし、消費者エスノセントリズムのネガティブな影響が解消されたのである。

関連して、消費者のエスノセントリズム的傾向をテコに国内ブランドをプロモーションする方法もある。セントクラウド大学のファッツリサレヒらが二〇二一年に発表した論文では、マーケティング・マネジャーが消費者エスノセントリズムを刺激するようなキャンペーンを打つことで、国内ブランドと国内消費者との結びつきが強化されることが示唆されている(Fazli-Salehi et al., 2019)。

このようなキャンペーンは日本ではあまりみられず、読者にはピンとこない方も多いかもしれない。しかしながら、外国企業との競争が激化し、失業者が増加した場合など、こうした方法が国内ブランドの振興に有効に働くこともあるだろう。

現在、米中対立の激化ゆえ、中国においては「愛国消費」が各地で謳われ、米国からの経済制裁に苦しむファーウェイを始めとした自国発ブランドを、国民全体で応援しようという機運が盛り上がっている(日本経済新聞, 2019)。消費者のエスノセントリズム的な傾向は、一昔前は日米貿易摩擦、近年であれば米中対立といった、世界のパワーバランスの変化に起因して可視化されてきた。

つまり、時代や状況によってその機運に浮き沈みが生じる一方で、競争の均衡は容易に保たれるものではない。歴史を振り返ると、世界のパワーバランスはあたかも振り子のように、均衡の中心には長く留まらない性質を持つ。ゆえに、グローバルな消費者行動の説明に不可欠な概念として、消費者エスノセントリズムは現在も学界で注目され続けている。

## 3　消費者アニモシティ（敵対心）

### 社会や個人的な規範ではなく、感情に注目した概念

前節では、消費者の社会的および個人的な規範にもとづくネガティブなカントリー・バイアスである、消費者エスノセントリズムを扱った。本節では、規範ではなく感情にもとづくネガティブなカントリー・バイアスとして消費者アニモシティ（敵対心）（Klein & Ettenson, 1999）を紹介する。

一九九八年にメルボルン・ビジネススクールのジル・クレインらによって提唱された消費者アニモシティは、「過去ないし現行の軍事的、政治的あるいは経済的な軋轢に起因する反

感」と定義され（前掲, p. 90）、二国間の紛争に起因したネガティブな消費者行動の説明に有用な概念として、現在も多くの論文で引用されている。

消費者アニモシティは戦争及び経済に対するアニモシティを合算して測定されるが、経済アニモシティのみを取り扱った研究もあり（Kim et al., 2022）、研究の目的やコンテキスト（文脈）に応じた柔軟な使い分けが期待できる。

消費者エスノセントリズムとの違いは、外国に対する自国の優越感から生じるバイアスではなく、自国にはポジティブでもネガティブでもなく中立的であること、外国一般ではなく、特定の国家に対するバイアスであること、社会や個人的な規範ではなく、感情に分類されることなどが挙げられる。

その他、興味深い特徴として、消費者エスノセントリズムが外国製品に対する製品判断（品質、技術レベル、デザインなど）と購買意向の両方にネガティブな影響を及ぼすのに対し、消費者アニモシティは製品判断には影響を及ぼさず、購買意向にのみネガティブに働く点である（Fernández-Ferrín et al., 2015）。つまり、消費者アニモシティ的傾向のある人は、外国製品の評価を低く見積もっているわけではなく、あくまで感情的にその購入を避けようとしているのである。

## 日韓両国の消費者に潜むアニモシティ

こうした点を踏まえて、日韓に潜む消費者アニモシティについて考えてみよう。日韓には政治的ないし経済的な対立から生じる相手国への反感、つまり消費者アニモシティが度々観察されてきた。しかしながら、先行研究の発見から韓国人は反日ボイコット運動を通して日本製品の購買を避けてきたものの、必ずしも日本製品を低く見積ってはいない可能性がある。

実際に、中央大学の李炅泰教授が二〇一一年に行った研究では（李, 2011）、韓国人の対日アニモシティは、日本製品への評価にプラスにも、マイナスにも働いていなかった。ただし、日本製品の購入にあたってはどこか後ろめたい感情を抱く傾向にあることが報告されている。消費者アニモシティはターゲット国への反感を捉えるカントリー・バイアスである一方で、品質、技術レベル、デザインに対する評価には冷静な判断を下すなど、心的な不協和が生じている点が興味深い。

とはいえ、消費者アニモシティが消費者行動にもたらす悪影響は看過できない。駒澤大学の武谷慧悟准教授と筆者とが二〇二二年に発表した論文では、相手国へのアニモシティが高い国に旅行した場合、たとえ現地で優れたサービスが提供されたとしても、その国に対する消費者アフィニティや、再びその国を訪れたいという意向（再訪国意向）は高まらなかった（Taketani & Terasaki, 2022）。

したがって、対日アニモシティが高い中国や韓国は、訪日外国人の多くを占めるインバウンド客ではあるものの、こうした客に対する優れたサービスは必ずしも親日的感情や再訪国意向につながらない可能性がある。

なお、最近の研究では消費者のアフィニティがアニモシティのネガティブな効果に対して一定の緩和作用があることが分かっている（Kim et al., 2022）。とはいえ、もともと有する消費者アニモシティの程度が高すぎる場合、訪日を通したポジティブな心的及び行動の変容が期待できない場合が想定されることには留意しておきたい。対日アニモシティが高い国からのインバウンド客に対しては、対日アフィニティを高めていくべく、相手国との積極的な文化交流やコンテンツの発信など、継続的な取り組みが求められるだろう。

## 消費者アニモシティは社会情勢によって変化するか

これまで、相手国に対する消費者アニモシティは一定であるという前提の下、議論を展開してきた。しかしながら、消費者アニモシティの度合いは社会情勢によって変化し得るのではないかという疑念もあるだろう。

サウス・オーストラリア大学のリチャード・リと中央大学のイ・キョンテらは、消費者アニモシティを相手国に対する一時的なアニモシティと恒常的なアニモシティに弁別し、それらが日本人の中国製品に対する購買意向へ及ぼす影響を検証している（Lee & Lee, 2013）。一時的なアニモシティとは、二国間の突発的な紛争（例えば二〇一九年の対韓経済制裁）に対するアニモシティ、恒常的なアニモシティとは、二国間の歴史（例えば徴用工問題）に起因する根深い軋轢から生じたアニモシティを指す。

リらの研究では尖閣諸島問題に起因した日本人の中国に対する一時的アニモシティが取り上げられている。尖閣諸島の領有権をめぐる日中間の抗争中と抗争後を比較したところ、一時的アニモシティは抗争後の値よりも高く、恒常的アニモシティは抗争後の値と変わらなかった。

さらに、中国製品の評価（職人技、技術的な先進性、カラーやデザイン、信頼性や耐久性の総点の平均値で測定）に及ぼす影響は抗争中では一時的、恒常的ともに差は生じなかったのに対し、抗争後は恒常的な方が一時的なアニモシティよりもネガティブな影響を及ぼしていた。

ただし、中国製品の購買意向に対して、抗争後は一時的、恒常的アニモシティともに影響を及ぼさなかった。つまり、時間の経過によって中国製品の購買には中立的な立場を取るものの、その評価は低く見積もられることが示されたのである。

加えて特筆すべきは抗争中のみであるものの、一時的アニモシティがエスノセントリズムと相まって中国製品の購買意向にネガティブに働いていたことである。つまり、抗争中に一時的なアニモシティとエスノセントリズムのエッセンスである保護主義や愛国消費的な考え方が相まって、中国製品の購買が強く抑制されていた。

以上から、エスノセントリズム的な風潮が取り巻く市場で二国間の紛争が起こった場合、一定の冷却期間に耐えられれば、少なくとも製品の売上は回復基調に転化してくるものと見込まれる。つまり、状況を静観することが重要なのである。

## 消費者アニモシティを利用したマーケティング戦略

最後に、ターゲット国に対する消費者アニモシティの程度の差を利用した、海外市場参入戦略について紹介しておきたい。台湾にある中山大学のシェルミン・フォンらは対日アニモシティが高い条件に中国を、低い条件に台湾を設定し、日本企業による各国への三つの市場参入戦略（輸入／買収／ローカル企業とのジョイント・ベンチャー）と日本製ノートパソコンへの購買意向との関係性を検討している（Fong et al., 2014）。

分析結果から、台湾消費者には参入戦略と購買意向との関係性はみられなかった一方、中国消費者にはジョイント・ベンチャーによる市場参入戦略が最も好意的に受け止められていた。つまり、対日アニモシティの高い中国においては、ローカル企業が日本製品と何らかの形で関わっていることが、現地消費者による日本製品の購買意向に好ましい影響を及ぼしていたのである。

消費者エスノセントリズムの節で紹介した、ブランドの順序効果を利用した方法と同様に、ローカルの企業やブランドに対する配慮が感じられることが海外市場への攻略ポイントだといえよう。

とはいえ、ローカルに対する配慮が過ぎると、現地消費者によって進出元企業のブランドが不当に低くみられてしまい、諸刃の剣となってしまう。海外にて共同ブランドやジョイント・ベンチャーを検討する際は、類似の先行事例などを参考に、事前調査を行うことを薦めたい。

## 【コラム】台湾はこれからも有望な市場となり得るか

日本の大手マーケティング・リサーチ会社、マクロミルが二〇二一年に台湾の一般消費者を対象に行ったインターネット調査によれば（マクロミル，2022）、家電・ハイテク製品カテゴリーにおいて、日本が最も品質が高いと答えた人の割合が、台湾、韓国、米国と答えた人よりも飛びぬけて多かった。

その割合は世代や性別により多少の差はあるものの、総じて五割から七割程度を占めていた。先端半導体の受託生産で知られる台湾積体電路製造（ＴＳＭＣ）、大手パソコンメーカーのエイサー（acer）など、いまではハイテク製品のメッカともいえる台湾での調査にしては意外な結果といえよう。

しかしながら、映画・音楽・芸術などの文化的コンテンツカテゴリーの品質評価では様相が一変する。このカテゴリーでは、米国、台湾、韓国の次に日本が位置しており、日本は後塵を拝している。

気になるのは、台湾の第三世代（Y世代、一九八〇～一九九四年生まれ）や第四世代（Z世代、一九九五年以降生まれ）といった、比較的若い年齢層の女性の間で、韓国が米国を上回っている点である。マクロミルのレポートには記されていないが、世界的に女性に広く受け入れられているK－POPや韓国ドラマといった、韓国の大衆文化が台湾にも深く浸透している結果と推察される。

家電やハイテク製品の購買意思決定は、文化的コンテンツからの影響を大きく受けることが知られている（寺﨑，2019）。その古典的な例として、米国の名作青春ドラマ「The O. C.」が挙げられる。作中では、裕福で人柄のよい弁護士役の男性がトヨタの高級自動車レクサスを愛用することで、上品な高級車のイメージが形成され、米国でのレクサスの売上を大きく押し上げた。

こうした事例に鑑みると、台湾における日本の家電、ハイテク製品へ向けられた高い評価も、時限付きの可能性がある。ドラマやポップスといった「三次元」コンテンツでは韓国に後塵を拝しているものの、日本はアニメやゲーム、キャラクター・グッズといった「二次元」コンテンツでは未だ世界を席巻している。

最近では日本の二次元コンテンツをリアルな場で楽しめるラウンドワンが米国で急成長しており、日米の売上は既に逆転している。こうしたリアルなエンターテインメント体験も少なからず二次元コンテンツの振興にプラスに働くと考えられ、三次元コンテンツの不振を補う秘策になるかもしれない。

このように、台湾市場における日本製品のプレゼンスには懸念事項もある一方、ネットフリックスやラウンドワンなど、二次元コンテンツを後押しするようなメディアも育ってきており、今後も重要市場の一角として台湾には注視していく必要があるだろう。

# 第3章　プレイス・リレーテッド・コンストラクト

――場所に関連した概念

## 1 「場所に関連した概念」という視点

第2章までカントリー・バイアスの各概念について、その背景から研究成果、応用の方向性に至るまで紹介してきた。カントリー・バイアスは「カントリー」と冠するように、国民国家という広義の「場所」を扱った概念である。そこで、カールトン大学のパパドポウロスらはカントリー・バイアスをプレイス・リレーテッド・コンストラクト（place-related constructs）、つまり「場所に関連した概念群」として整理し、類型化している（Papadopoulos et al., 2017）。

こうした場所に関連した概念を扱った研究は、一九六〇年代以降始まったカントリー・オブ・オリジン（製品・サービスの原産国。country of origin、以下ＣＯＯ）概念に端を発して展開されてきた（寺﨑, 2019）。

筆者は最初カントリー・バイアス研究を中心に、場所に関連した概念を研究していたが、研究を進めていくうちに、ＣＯＯとカントリー・バイアスとの違いについて論点を整理しておく必要性を感じるようになってきた。その契機となったのは、早稲田大学の恩藏直人教授と、コペンハーゲン・ビジネススクールのアレクサンダー・ジョシアッセン教授との対話であった。

恩藏教授からは、筆者への研究指導後の雑談で「カントリー・バイアスとCOOはどのように違うのか」とストレートに問われ、その時うまく答えられず会話が途切れてしまった。恩藏研究室では、こうした教授からの「つぶやき」は研究テーマの核心に触れるものが多く、安易に素通りしてはならないと言われている。実際に、筆者がコーズ・リレーテッド・マーケティングの論文を書いた際には、こうした「つぶやき」が実験の鍵を握っていた。

他方、ジョシアッセン教授からの指摘は、同教授と一緒に京都大学構内を散歩していた際に得られた。筆者が「COO研究はカントリー・バイアス研究に置き換えられていないか」と発言した際、ジョシアッセン教授は「私はそうは思わないが、COO研究はカントリー・バイアス研究に劣らず重要なテーマだ」と言われた。やはり両研究の相違点を整理することなしに、カントリー・バイアスのさらなる理解は難しいと感じた。

## 2　カントリー・オブ・オリジン（製品・サービスの原産国）とは何か

一般に製品・サービスの原産国、つまりカントリー・オブ・オリジン（ＣＯＯ）は、価格や機能、デザインといった、数ある製品属性の一つに過ぎないと捉えられている。しかしながら、消費者にとってＣＯＯは、製品属性に関する情報が不足している状況下で、とりわけ有用な手がかりとなり、消費者はＣＯＯからそのアイテムのスペックを推論する傾向にあることが知られている（Solomon, 2013）。

例えば、電気機器メーカーを多く擁する日本において、これまで家電量販店に長らく陳列されてきた商品は、その多くが日本製（メイド・イン・ジャパン）であった。しかしながら今では、韓国のみならず、中国や台湾ブランドの製品も店頭で多く目にすることができる。購買意思決定において、こうした見慣れない製品を判断する際に、ＣＯＯは大きな手がかり情報となる。

実際に、私たちが未知のブランドを前にしたとき、新興国製品よりも先進国製品の方が信頼できたり、インド製の自動車よりも日本製の自動車の方が安心だと感じたりしないだろうか。特に、高額な製品やサービスを検討する際、失敗したくないとの思いから、ＣＯＯより推論される、先進性や信頼性、ブランド・イメージは購買意思決定を大きく左右する。

他方、現代では人件費の抑制やサプライチェーンの安定性から、国際的な分業が当たり前になっている。そのため、ＣＯＯが未だ消費者にとって意義ある手がかり情報となり得るのかという疑念も残る。

こうした背景から、近年ではブランド原産国（本社所在国）が実質的なＣＯＯの役割を果たすようになっており、製造国と分けて表記される場合もみられる。その具体例としては「カリフォルニアのアップルでデザインされ、中国で組み立てられた」という、アイフォンの裏面表記が挙げられる。

こうしたハイブリッド表記で興味深いのは、このメッセージに触れた消費者のうち、製造国よりもブランド原産国で製品評価を下す人が多い点である（寺﨑，2024)。この予測の根底にある理論として、先に表記された言葉の方が、後に表記された言葉よりも優位に感じられるという順序効果（Li & He, 2013 参照）がある。

アイフォンは「カリフォルニア」という米国らしい地名を先に配置することで、ブランド原産国の持つ先進的でポジティブなイメージをアイフォンのイメージにさり気なく転化させている。その他にも順序効果を企業名にうまく反映させている例として、贅沢ブランドの複合企業体であるモエヘネシー・ルイヴィトン社とその略称のＬＶＭＨがある。同社は正式名称の場合、モエヘネシー・ルイヴィトン、略称の場合はＬＶＭＨとうまく名称を使い分けることで、主従関係を想起させない、両者に気遣った表記を採用している。

このハイブリッド表記に対しては、順序効果以外にパトリオティズム（patriotism）（愛国主義）やグローバル消費者トライブ（類）（global consumer tribe）の観点から考察した文献もある。

ウェスタン・オンタリオ大学のマーク・クリーブランドらは、ある中国人研究者がいかなる思いでファーウェイではなくアイフォンを利用しているかについて、その書籍内で紹介している（Cleveland et al., 2021）。

まず、彼女にとってアイフォンは、グローバル消費者トライブへの帰属意識を高めてくれる一方で、中国で組み立てられたという事実から、国内経済にも恩恵を及ぼす製品だと捉えている。一般消費者ではない研究者目線での省察だが、興味深いコメントである。

このように近年、ＣＯＯ表記がもたらす新たな見方が紹介されている。ＣＯＯは依然として様々な研究テーマを与えてくれる概念といえる。

## 3　カントリー・バイアスとの関係性

### カントリー・オブ・オリジンとカントリー・バイアスは違うのか

前著『多文化社会の消費者認知構造』では、カントリー・オブ・オリジン（ＣＯＯ）とカントリー・バイアスの違いについて、ワシントン大学のカール・オーベルミールらによる「ＣＯＯ効果の理論的な枠組み」（Obermiller & Spangenberg, 1989）に即して説明した。

この枠組みでは、ＣＯＯが以下の三つのルートのいずれかをたどって購買意向に影響を及ぼすことが示される。一つ目はＣＯＯイメージを介する認知的ルート、二つ目はＣＯＯへのステレオタイプ（固定観念）を通した感情的ルート、そして三つめはＣＯＯと何らか関連性のある規範をたどる規範的ルートである。

しかしながら、オーベルミールらの枠組みでは情報処理ルートが三つに分岐しているため、COOとカントリー・バイアスとの相互関係は分からない。したがって、両者を統合的に捉える視点として、他の見方を検討する必要がある。こうした課題を踏まえ、本書ではウィーン大学のカサリナ・ロスらによるカントリー・イメージの高関与階層モデル（high-involvement hierarchy model of country image）（Roth & Diamantopoulos, 2009）にもとづき、COOとカントリー・バイアスとの相互関係について考察したい。

カントリー・イメージの高関与階層モデルでは、当該国への国家認知（country cognitions）（カントリー・コグニション＝対象国をどのように捉えているか）が国家感情（country affect）（カントリー・アフェクト＝対象国にどのような気持ちを抱くか）を生起させたのち、国家感情が購買行動に影響を及ぼす因果連鎖を想定した情報処理プロセスが提唱されている（図1）。

ロスらの論文ではモデル内の各変数（国家認知、国家感情）が具体的にどのような概念を想定しているのかについて、直接的な言及はない。しかしながら、COOを扱った文献であることに鑑みて、COOイメージが国家認知に、消費者のアニモシティやアフィニティが国家感情に該当するものと推察される。つまり、このモデルではCOOイメージは消費者のア

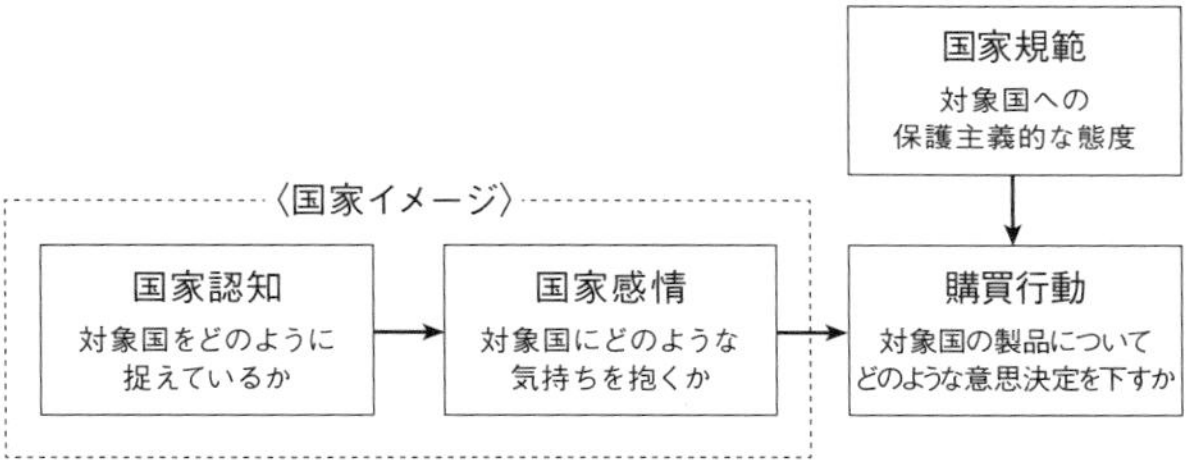


（出所）　Roth & Diamantopoulos（2009, p. 735）

**図1　カントリー・イメージの高関与階層モデル**

ニモシティやアフィニティを喚起する先行要因に位置づけられているのである。

## カントリー・イメージモデルにおける消費者エスノセントリズムの位置づけ

それでは第2章にて扱った消費者エスノセントリズムは、カントリー・イメージの高関与階層モデルのどこに位置づけられるのだろうか。

このモデルでは、国家の認知や感情と独立して購買行動に直接的な影響を及ぼす国家規範（カントリー・ノーム＝country norm）（対象国への保護主義的な態度）という変数が組み込まれている。消費者エスノセントリズムが自国経済の保護を目的に外国製品を避けるという、消費者の社会的および個人的な規範にもとづく態度であることから、本モデルの国家規範には消費者エスノセントリズムが該当するものと思われる。

図1より、消費者エスノセントリズムは国家認知から購買行動に至るまでの因果連鎖から独立して、購買行動へと直接的に作用する変数として配置されている。つまり、消費者エスノセントリズムは国家イメージと関連した概念ではなく、あくまで「こうであらねばならぬ」という対象国への保護主義的な態度にもとづく概念なのである。

意外なことに、筆者らがツーリズム・リクリエーション・リサーチに発表した論文（Terasaki et al., 2023）を除くと、カントリー・イメージの高関与階層モデルを検証した論文は見当たらない。「意外」といえる理由は、本モデルの提唱者の一人、ディアマントパウロスはCOO研究の泰斗であり、その影響力は極めて大きいからである。ゆえに、今後はさらなるモデルの検証が望まれる。

## 4　カントリー・オブ・オリジン研究からの示唆

### 実務家向けに得られた発見や示唆

ここでは実務家向けに、カントリー・オブ・オリジン研究から得られた発見や示唆について、いくつか紹介したい。

早稲田大学の恩藏直人教授は、一九九七年にカントリー・オブ・オリジン（ＣＯＯ）研究に関する興味深いレビュー論文を発表している（恩藏，1997）。その中でも特に有益な二つの指摘を紹介したい。まず、ＣＯＯイメージは製品原産国の経済的なレベルの影響を受けるという指摘である。

筆者が在外研究や外国人へのインタビューを通して日々感じるのは、ＣＯＯとしての日本のイメージは今でも非常に好ましいということである。アジアのみならず、欧州の人々もメイド・イン・ジャパンを高く評価していることが、インタビュー中の言葉の端々から窺われることが多かった。その源泉にあるのは自動車や電化製品を始めとした工業製品や、アニメ、ゲームなどのコンテンツから想起される、先進的な日本のイメージである。
筆者が現在進めている研究プロジェクトでは、インタビューに応じてくれた外国人の大半が、スイスやオランダ、カナダといった、日本を上回る高所得国で生活している人々である。しかしながら、こうした外国人の多くが日本に対して優れた製品・サービスを生み出すイノベーティブなイメージを持っていることに、改めて驚かされてきた。

確かに、産業のすそ野の広さや世界の株式時価総額に占める割合において、日本企業は未だグローバルな存在感を放っている。外国人からみた日本のイメージは、やや古き良き時代の日本を感じさせるものの、こうしたイメージ面での「貯金」を生かしたコミュニケーション戦略は今でも有効であろう。

一方で、恩藏教授のレビュー論文ではCOOの評価は時間とともに変化していくとの指摘が挙げられている。したがって、上述の「貯金」は日本の相対的な国力低下とともに緩やかに減っていく可能性は否定できない。しかも、こうした「貯金」は、ブランドのCOOが誤認されることで下駄を履かせてもらっている側面が少なからずある。

テキサス大学のピーター・マグナッソンらの調査では、米国人消費者の大半が東芝やソニーを日本ブランドであると認識していた一方、サムスンを韓国ブランドと正しく認識していた人は二五％程度に過ぎなかった（Magnusson et al., 2011）。他にも、ノキア（フィンランド）は日本ブランドであると認識している消費者が多いとの報告もある（Kotler & Keller, 2016）。

こうした誤認もあり、実態以上に「日本」ブランドが人々に浸透することで、日本のCOOイメージが好ましい水準を維持している可能性も否定できない。したがって外国人消費者の間で、日本のCOOイメージが未だ好ましいことに、手放しで喜ぶわけにはいかない。とはいえ、ここから示唆されるのはCOOイメージを向上させたり、低下させたりするには相当な時間がかかるということである。

## 日本のCOOイメージ強化戦略

それでは、カントリー・オブ・オリジン（COO）イメージの「貯金」を武器に、日本はどのようにイメージを向上させていけば良いだろうか。日本のイメージをストーリー仕立てで訴求できるという点では、コンテンツは工業製品よりもCOOイメージの強化に向いている。

実際に、筆者がロンドンに留学していた際、人気漫画の「イニシャルD」(原作：しげの秀一)や「湾岸ミッドナイト」(原作：楠みちはる)に触発され、日本車に魅せられる人々にしばしば出会ってきた。こうした人々は「八六(ハチロク)」(トヨタ自動車)や「スカイラインGT－R」(日産自動車)、「ランサーエボリューション」(三菱自動車)など、走りにこだわった「ツウ」なブランドに心惹かれていた。彼らの声に耳を傾けていると、日本車に対して機能面での評価を超えた、熱狂や神話的な盲信を伴う感情面での高い評価がひしひしと伝わってきた。

明治大学の古川裕康准教授によれば、コンテンツを積極的にグローバル展開することで、コンテンツのCOOに好ましいイメージが形成され、結果的として製品COOへの関心が高まるという関係性が想定されるという(古川, 2021)。

日本のポップカルチャーを扱った海外イベントの人気や、昨今の訪日客の増加に鑑みると日本のソフトパワーは等閑視できない(松井, 2019, p. 223)。コンテンツによって醸成されたCOOイメージを、製品やサービスのCOOイメージにいかに波及させていくか、COOイメージのレバレッジ（てこ）戦略ともいえる包括的な取り組みが期待される。

## 【コラム】 ＩＣＨＩＧＯ社にみる日本のお菓子のポテンシャル

日本で生活していると分からないが、海外に出かけてみると分かることが様々ある。本コラムでは、その一つとして日本のお菓子の優秀性とポテンシャルの高さについて紹介したい。

筆者は海外旅行に出かける度にスーパーマーケットを覗くことを習慣にしている。そこで感じるのはまず、海外はお菓子のバラエティが少ないことである。チョコレート、キャンディ、グミといったスイーツから、スナック菓子、ナッツといったおつまみを中心に品ぞろえがあるものの、どれも特徴に乏しく、またメーカーも似たり寄ったりで飽きが来やすい。

海外でも比較的品揃えが充実しているカテゴリーとしてはチョコレートが挙げられるが、日本のチョコレートのように、サクサクだったり、味のバラエティが豊かだったり、かわいいコーティングが施されたりしているわけではない。さらに、パッケージの開けやすさや美しさといった付随的な側面においても、日本のお菓子からは繊細なこだわりが伝わってくる。

こうした日本のお菓子の優位性を上手に海外ビジネスにつなげているのがＩＣＨＩＧＯ社である（ICHIGO, 2022)。同社は海外向けにお菓子のサブスクリプション・サービスを展開しており、加入者には定期的に日本のお菓子の詰め合わせが届くシステムになっている。その勢いは凄まじく、創業から六年で年商は四〇億円を超え、社員の半数が外国籍というグローバル企業に成長している（読売新聞オンライン, 2023)。

消費者アフィニティが外国との直接的な接触だけでなく、間接的な接触からも生じることに鑑みると、こうしたお菓子の詰め合わせを定期的に楽しむことで、日本への好意や愛着、称賛といった消費者アフィニティの構成要素も高まるものと推察される。

結果として、インバウンド客になったり、日本のその他の製品・サービスカテゴリーにも関心を持ったりと、波及効果も期待でき、お菓子を通した日本文化の大使となり得るビジネスとなっている。

日本は家電では新興国にシェアを奪われてしまったものの、お菓子のように日本人ならではの繊細さを活かした製品・サービスカテゴリーには大きなポテンシャルが感じられる。

# 第４章　グローバルとローカルの相互作用

場所に関連した概念の中で、消費者コスモポリタニズム（異文化に対する寛容さ、それに対する賛美）に注目した研究が盛んになってきたのは二〇一〇年代からであり、それほど前からではない。マーク・クリーブランドやペトラ・リーフラーらによって、その測定が容易に行われるようになったことで（Cleveland et al., 2011; Riefler et al., 2012）、消費者コスモポリタニズムを扱った実証研究がにわかに盛んになってきている。

本章ではまず、筆者が概念としての消費者コスモポリタニズムに出合うまでの経緯を説明する。消費者コスモポリタニズムに注目した背景を振り返ることで、この概念が内包する社会的な意義や含意が浮き彫りになると考えるからである。

次に、本章のテーマである消費者コスモポリタニズムの形成プロセスについて、方法論的な解説を経たうえで紐解いていく。前著『多文化社会の消費者認知構造』の中でも、消費者コスモポリタニズムはカントリー・バイアス研究の中核をなす概念として特に詳細に扱ってきた。

そこで本章では、学術的なエッセンスに筆者自身の経験や感性を交差させることで、消費者コスモポリタニズム概念の本質に迫りたい。

## 1　消費者コスモポリタニズム概念との出合い

新型コロナウイルスの世界的流行が沈静化し、わが国においても二〇二三年から再び街中で外国人の姿がみられるようになってきた。多様性に満ちたインバウンド客から発せられる熱気は、日本中を包み込むように充満しており、場所によってはオーバーツーリズムになるほど、わが国を活気づかせている。

こうした雰囲気は、インバウンド客が急増してきた十年ほど前から始まったもので、それほど前からというわけではない。本節では消費者コスモポリタニズム概念に出合うまでの経緯を詳細に示すことで、筆者がなぜ消費者コスモポリタニズムの形成プロセスに関心を持ったのか、その社会的な意義や含意を交えて説明していく。

筆者が本格的にカントリー・バイアス研究に取り組み始めたのは、二〇一四年頃からであり、ちょうどインバウンド客が外貨獲得の希望として注目を集めるようになってきた頃と重なる。

当時、博士論文のテーマを検討していた私は、経営学分野の主要学術誌に掲載された特集号のテーマを一〇年分ほど遡り、整理した。特集号には現在というよりも将来的に注目が集まるものと目されるテーマが掲げられるため、今後の有望なテーマに出合えると考えたのである。

こうした作業を続ける中で、『ハーバード・ビジネス・レビュー』の二〇一三年一〇月号において、シンガポール・マネジメント大学のニルマルヤ・クマール教授らが寄稿した論文「ディアスポラ・マーケティング」がふと目に留まった。

ディアスポラとは平たくいえば移民のことであり、ディアスポラ・マーケティングとは移民を一つの消費者セグメントとしてターゲティングしたマーケティングを意味する。ロンドンでの留学生活の中で、ロンドンが植民地由来の多くの移民で構成されており、各移民が祖国や文化圏毎にクラスタを形成し、生活している様子をみてきた。

わが国においても、少子高齢化で日本人が減少する一方、留学や就職、婚姻を通して移民は増え続けており、人手不足が深刻化する中、この傾向は今後も変わらない。結果的に、ディアスポラ・マーケティングは概念上の存在ではなく、日本の将来像と不可分な形で顕在化していくものと容易に想像されたのである。

こうした問題意識の下、二〇一五年一〇月から九州大学経済学研究院で助教を務めることになり、ＪＲ箱崎駅近辺に居住していたところ、図らずも日常生活を通してディアスポラ・マーケティングのエッセンスを感じ取ることができた。

九州大学箱崎キャンパス周辺にはインド人やネパール人、中国人といったアジア系の人々、中東や東南アジアからのイスラム系の人々が多く暮らしており、駅周辺のスーパーマーケットではこうしたニーズに対応するべく、多くのエスニック商材が取り扱われていた。さらに、エスニック料理店も箱崎から吉塚にかけて多く点在しており、日本の食材にエスニック調味料を掛け合わせた、オーセンティックな味わいを楽しむことができた。

興味深いのは、同じアジア系や中東からの移民であっても、ロンドンと福岡とではその雰囲気が大きく異なるということである。箱崎で暮らす移民を観察していると、どこか日本人らしい表情や仕草をみせる瞬間があり、日本での生活に順応している様子がうかがわれた。

筆者自身、ロンドンに居住していたときは、ほぼ英語しか話さなかったことから、その発音に準じて表情筋が鍛えられていた。そのためか、帰国後に表情やアクセントが外国人的になったと言われることが多くなった。さらに、ロンドンのような多国籍な環境下では、自分の意思を明確に主張する必要があるため、帰国後しばらくの間はその癖が抜けなかった。つまり、筆者は日本人でありながら無国籍的であり、日本社会においては浮いた存在になっていたのである。

こうした筆者自身の経験から、日本在住の移民も日本での生活が長くなるほど立ち居振る舞いを始め、考え方や価値観に変化が生じ、やがて順応していくものと推察された。こうした文化変容のプロセスを捉える視点として、分析的なレンズを探していたところ消費者コスモポリタニズム概念にたどり着いたのである。

先行研究では消費者コスモポリタニズムとシュワルツの価値調査（Schwartz's value survey）(Schwartz, 1992; 1999）やホフステッドの文化次元（Hofstede's dimensions of culture）（Hofstede, 1980）といった関連概念との相関が検討されるなど、統計分析を駆使した方法でそのエッセンスが探られることが多かった（Cleveland et al., 2011; Riefler et al., 2012)。

しかしながらこうした方法では、実験でも行わない限り、各価値尺度や指数が、なぜそしてどのように消費者コスモポリタニズムと結びついているのか知ることはできない。そこで本章では数理的な分析ではなく、コスモポリタン消費者に対するインタビュー調査を行うことで、上記の問いに答えていきたい。

## 2 被面接者への迫り方

インタビュー調査を始めとした定性調査では、適切な対象からデータを取得することが重要である。そこで、データは日本の大学に通う学部学生および大学院生から収集し（留学生を除く）、消費者コスモポリタニズムのスコアが高く、消費者ローカリズムのスコアが低い、ローカルよりもグローバルな社会への関心が高い、グローバル・アイデンティティ型のコスモポリタン消費者（cosmopolitan consumers with a global identification、以下ＣＣＧＩ）（Cannon & Yaprak, 2012）を抽出し、うち二〇名に対して各一時間程度のインタビュー調査を実施した。

インタビューは被面接者の生い立ち、興味関心、コスモポリタン的な特性を得るに至るまでの状況について、脇道に逸れつつ本質に迫っていくグランド・ツアー質問法（ground tour questions）（MacCracken, 1988）を用いて行われた。また、インタビュー・データは現象のプロセスを記述するのに最適なストラウスとコービン版のグラウンデッド・セオリー・アプローチ（grounded theory approach）（以下、ＧＴＡ）（Strauss & Corbin, 1990）を採用した。

分析結果から、先行要因として①家族（両親、生得的な国際的社会ネットワーク）、②後天的な国際的社会ネットワーク、③教育（教育環境と海外留学）、④パーソナリティ（知的好奇心、スリルの探求、自己表現）という四つが、調整要因として①ナショナル・アイデンティティの再考、②適応ストレス、③教育ママという三つの調整要因が示された。次節より、これらの各要因（カテゴリー）について説明していく。

## 3　コスモポリタン消費者（ＣＣＧＩ）の形成プロセス

### 先行要因①：家族（両親、生得的な国際的社会ネットワーク）

ＣＣＧＩの形成プロセスは四つの先行要因と三つの調整要因から構成されるが、その端緒として位置付けられるのが家族である。このカテゴリーは両親の影響、生得的な国際的社会ネットワークという二つのサブカテゴリーから組織される。

各サブカテゴリーを観察した結果、興味深いことに兄弟姉妹の影響を指摘した被面接者は限られていた。おそらく、年齢的に多様な文化に触れる機会が少なく、文化変容に必要な社会経済的な資本も不足していることが原因と思われる。

ただし、人口減少への懸念から、外国人が在留しやすい環境が整ってきている現状に鑑みて、そう遠くない未来に兄弟姉妹がコスモポリタン的アイデンティティの形成に影響を及ぼす可能性も排除できない。とはいえ、当面は両親の影響が家族カテゴリーの中心的役割を果たすことに違いはないだろう。

両親の影響というサブカテゴリーにおいて、父親からは出張や駐在といった仕事関係の話を、母親からは英語や海外コンテンツ（映画やドラマ、音楽）、外国料理といった、異文化関連の話を通して、被面接者のアイデンティティに変化がもたらされていた。

ただし、母親から過度な教育的プレッシャーを受けた結果、語学に後ろ向きになり、英米文化に嫌悪感を抱くなど、いわゆる「教育ママ」問題から、コスモポリタン的な文化変容が抑制されるケースもみられた。とはいえ、こうしたトラウマ的な経験は、学友との相対的な英語力の優越性を通して解消されていた。つまり、高い語学力が自尊心へと転化することで、教育ママ的な文化変容の抑制から解き放たれていたのである。

最後に、「家族」のサブカテゴリーとして、生得的な国際的社会ネットワークが浮かび上がった。生得的な国際的社会ネットワークとは、両親から受け継いだ外国人との接点であり、例えば母親の友人の中国人や、国際結婚した姉の夫などが挙げられる。こうしたネットワークは能動的ではなく受動的に得られたものである一方、異文化に関心を持つきっかけとなり、留学といった海外経験が促進されるなど、コスモポリタン的な文化変容の期間の短縮に寄与していた。

以上のように、CCGIに導かれる起点として「家族」カテゴリーがあり、そのサブカテゴリーに両親の影響、生得的な国際的社会ネットワークが挙げられること、コスモポリタン的な文化変容プロセスを一時的に抑制する要因に教育ママの存在があることが示された。

### 先行要因②：後天的な国際的社会ネットワーク

生得的な国際的社会ネットワークが両親から継承されるものである一方、後天的な国際的社会ネットワークは自らの国際的な経験を通して能動的に獲得される、CCGIの先行要因の一つである。

この後天的な国際的社会ネットワークはサブカテゴリーを持たない、シングル・カテゴリーで構成され、主に外国人との個人的な交流を通して得られるネットワークである。

後天的な国際的社会ネットワークは相手との地理的な距離や時間の経過によって失われたケースが少なくなかった。一方で、幼少期に過ごした英国の友人とクリスマスプレゼントの交換が続いていたり、留学先の友人を再訪問したり、ＳＮＳを通してネットワークを維持したりするなど、程度の差はあれ交流が続いている者もみられた。

高速インターネットの普及でＳＮＳへのアクセスがストレスなく行えるようになったことで、後天的な国際的社会ネットワークを維持するハードルは年々低くなっている。最近では、若年層に加えて中高年にもＳＮＳが普及してきていることから、途絶えたネットワークが復活し、交流を通した文化変容が進むこともあり得るだろう。

筆者もＳＮＳを通して留学時代の友人とコンタクトを取り、インタビュー調査に協力してもらったり、久しぶりに雑談をしてみたりと、最近になって後天的な国際的社会ネットワークとの結びつきが強くなってきている。このように、コスモポリタン的なアイデンティティ形成の背後に、テクノロジーを通した人々の行動変容という側面があることに留意されたい。

## 先行要因③：教育（教育環境と海外留学）

いくつかの先行研究において、コスモポリタニズムが高まるほど、教育成果も高まるという、ポジティブな相関が指摘されてきた（Cleveland et al., 2009; Phillips & Smith 2008; Riefler et al., 2012; Robinson & Zill, 1997）。本研究においても、教育がコスモポリタン的なアイデンティティの形成に寄与することが確認されたほか、このカテゴリーが教育環境と海外留学という、二つのサブカテゴリーに分けられることが示された。

まず、教育環境について、被面接者のうち半数が高校を私学で過ごしており、なかには年間の学費が五〇〇万円を超えるような、英国の寄宿舎学校（ボーディング・スクール）で学んだ者もいた。著名な英国のボーディング・スクールとしては、近年日本に進出したハロウスクール、ラグビースクールなどが挙げられ、わが国においても注目度が高まっている。

筆者は大学院留学時代に、ボーディング・スクールで学び英国のエリート大学に進学した友人と多く知り合ってきた。言うまでもなく、こうした友人たちは西洋文化への造詣が深く、最も正統な発音であるキングス・イングリッシュをネイティブ並みに流暢に操っていた。

日本では米国式の英語を習うケースがほとんどであり、国内ではキングス・イングリッシュを耳にする機会はあまりない。しかしながら、米国は英国の植民地であった経緯から、いまでも伝統的なエリートの間では英国式の英語が使われており、こうした「身体化した文化資本」(institutionalized cultural capital)（Bourdieu, 1984）は国際社会で一目置かれても不思議ではない。

本来あまり望ましいことではないのだが、筆者のクラスメイトは米国式の英語でレポートを提出したところ、英国人の教授からその点を指摘されて減点されていた。彼女は教授に抗議したが、その教授曰く「語源に鑑みて、このような綴りは認められない」とのことで、申し出は頑なに却下された。なお、国際的な学術誌の中には、記述として英国式の英語しか認めないというジャーナルもある。以上から、どのような英語を身に着けているかは、その人のバックグラウンドと密接に関連しており、「分かる人には分かる」という差異になる。

ここでインタビュー調査結果に戻ると、被面接者の学んだ私学では多くの帰国子女や外国人教師が在籍していた。こうした環境に身を置くことで、自然と異文化に親しみ、それを理解するのに必要な能力を獲得できるようになっているのである（Igarashi & Saito, 2014）。中国や韓国、インドといった、留学の盛んな新興国と比べて、わが国からの留学生数は人口規模を差し引いても見劣りしている。こうした中、国際的な環境で高校時代を過ごした経験は、その後のキャリアを飛躍させる原動力の一つとなるだろう。

次に、もう一つのサブカテゴリーである海外留学に話を移りたい。被面接者の多くは、とりわけ学部学生時代に海外留学を経験しており、異文化環境に身を置くことで文化変容が促進されたと述べていた。中には、より語学力を磨くべく、再度留学を検討している者もみられた。

なお、留学では教科科目の履修に加えて、アルティメット・フリスビーやテニス、バドミントンといったスポーツもコスモポリタン的なアイデンティティの形成に寄与していた。

興味深いのは、スポーツが語学のみならず、留学先の国民の考え方を学ぶ機会になっていたことである。また、スポーツが現地住民との交流の橋渡しとなることもあり、相互の文化的な理解を促進するなど、見逃せない役割を担っていることが示唆された。

ここでは主に教育がもたらすメリットについて述べてきたが、留学にともなう金銭的な負担についても言及が必要だろう。留学の際、奨学金が得られれば、先方での勉学に集中できる。とはいえ、奨学金はそう簡単に得られるものではなく、多くは私費留学を強いられる。

また、そもそもこうした奨学金に関する情報が入手しやすい環境下にいなければ、奨学金申請を検討することもないだろう。国際的な社会的ネットワークからの情報や、コスモポリタン的な教育環境、経済的な余裕といった条件が満たせる人々、つまり社会経済的な資本に恵まれる者が、よりコスモポリタン的な変容を経験しやすいことを、本研究の分析結果は示唆している。

### 先行要因④：パーソナリティ（知的好奇心、スリルの探求、自己表現）

パーソナリティはＣＣＧＩの先行要因として特異な位置づけを担っている。というのも、他の先行要因が家族を起点として展開される一方、パーソナリティは家族を起点とした文化変容のルートから独立して、本人の内面から直接ＣＣＧＩに働きかける要因であるからである。パーソナリティは知的好奇心、スリルの探求、自己表現という三つのサブカテゴリーから構成される。

まず、知的好奇心について、被面接者の大半が異文化経験に対する旺盛な好奇心に言及していた。被面接者からは海外旅行、英会話や聖書に関するセミナー、留学生との共同生活、劇場での演奏といった様々な異文化活動に自発的に参加し、好奇心を満たす傾向がみられた。

インタビューでは、バックパック旅行の際にタイ式マッサージに感動し、自らも施術を習得するべく、初歩的な講習に通学するという、印象的なエピソードも語られた。バックパック旅行では、全ての旅程を自ら管理することに加え、重い荷物を一人で運ばねばならない。こうした厳しい条件の下、単にサービスを享受するのみならず、自らそのエッセンスを学びに行くというモチベーションは、知的好奇心のなせる業である。

アイントホーフェン工科大学のナイゼンらは、海外旅行によってコスモポリタニズムが高まるとしているが（Nijssen & Douglas, 2008）、本研究からは旺盛な知的好奇心によってコスモポリタニズムが高まった結果、海外旅行への行動意向が高まるといった関係性も示唆された。このように、海外旅行がコスモポリタニズムの先行要因となるか、結果要素となるかは、どちらも想定されうるものであり、さらなる議論が求められる。

この知的好奇心と関連して、スリルの探求というサブカテゴリーについて触れたい。ウェスタン・オンタリオ大学のマーク・クリーブランドらの研究では、刺激を求める人ほどコスモポリタン的傾向がみられることが示されているが（Cleveland et al., 2011）、本研究においても同様の傾向がみられた。

例えば、平凡な日常から脱却すべく、言葉の通じない国であえて生活してみるなどスリルを求めた結果、異文化経験が促進されるという関係性が浮上した。知的好奇心がリスクを厭わないほど強く働く場合、スリルの探求に転化する場合が示唆されるのである。

最後に、自己表現に話を移りたい。インタビューでは、自らの表現手段の一つに西洋文化を取り入れることで、一般的な日本人との差異化を図ろうとする者がみられた。例えば、日系アメリカ人への憧れから、英字新聞にクールさを感じるようになり、それを部屋の壁紙として使ってみたり、西洋ファッションを積極的に取り入れることで、理想的な自己に近づこうとしたりなど、ＣＣＧＩからは西洋的な自己表現を目指す特異な性向がみられた。とはいえ、コスモポリタン的な自己表現が必ずしも意識されない状況も存在していた。

例えば、ある被面接者は最新の洋楽や洋画を日本人の友人に勧め、気を引こうとしていた一方、海外にいるときは、より日本人らしく自己表現したいという矛盾した気持ちを抱えていたという。このように、西洋文化に自分のアイデンティティを近づけようとしても、当然ながら西洋人になれるわけではない。あくまで日本人とのコミュニケーションにおいてのみ、西洋的な自己表現が意味を持つという、本サブカテゴリーの状況依存的な側面は興味深い発見である。

## 調整要因①：ナショナル・アイデンティティの再考

ナショナル・アイデンティティの再考は、コスモポリタン的アイデンティティの形成スピードを一時的に鈍化する要因として働く。ナショナル・アイデンティティの再考とは、海外に長期滞在している際、何らかのイベントをきっかけに改めて母国を再評価することを意味する。

被面接者からは、海外生活が長くなるにつれて母国の食文化やホスピタリティ、技術面での相対的な優位性が知覚され、日本の再評価につながるという事例が散見された。つまり、コスモポリタン的アイデンティティと日本国民であるというナショナル・アイデンティティは両極にあるのではなく、場合によっては両立したり、他方が色濃く反映されたりするのである。

本研究では、海外での長期滞在中にナショナル・アイデンティティの再考が発現していた。しかしながら、海外経験が豊富な人であれば、国内においても外国人とのコミュニケーションを通してナショナル・アイデンティティの再考は生じるかもしれない。

例えば筆者は、米国人留学生から「米国と比べて日本のマクドナルドのサービス・レベルはあまりに高い。同じブランドであってもどうしてこのような差が生じるのか」と問われた経験があり、どこか日本を誇らしげに感じてしまった。日本マクドナルドが故・藤田田氏の藤田商店を発祥としているとはいえ、往々にして日本の方が丁寧なサービスが展開されており、こうした違いは日本の「おもてなし」文化に起因しているものと推察される。

以上のように、海外滞在中のみならず、海外を離れてみると改めて母国の良さが感じられるケースもある。ナショナル・アイデンティティの再考を捉えるには、一方にナショナル・

アイデンティティというローカルなアイデンティティを、他方にコスモポリタン・アイデンティティというグローバルなアイデンティティを据えた振り子をイメージすると良いかもしれない。

振り子は中心にとどまる時間が短いように、ローカルなアイデンティティとグローバルなアイデンティティはバランスを取るというよりも、何らかの異文化経験を通して左右に振れつつ、コスモポリタン的アイデンティティが重層的に形成されていくとイメージした方が実態に近いのではないだろうか。

筆者の例でいえば普段は英語で講義を担ったり、英語で研究活動に勤しんだりと、日本人としてのアイデンティティが根底にありつつもコスモポリタン的なアイデンティティの下、業務を遂行していることが多い。一方で、前述の留学生との会話のときに感じたように、何らかのきっかけで日本のことを誇らしく感じたり、日本人としての自覚がふと芽生えたりと、ローカルなアイデンティティが表出する場合もある。このように、何らかのイベントを通してコスモポリタン的なアイデンティティとローカルなアイデンティティとが振り子のように左右に振れつつ、単に異文化に対する寛容さ、それに対する賛美に囚われない、どこか奥行きのあるコスモポリタンが形成されていくのではないだろうか。

## 調整要因②：適応ストレス

インタビュー・データの分析結果から、ナショナル・アイデンティティの再考に加えて、異文化環境に対する適応ストレスもコスモポリタン的な文化変容を抑制することが明らかになった。例えば、異国でのアルバイト経験時に感じた無力感や、屋内で靴を脱がないことへの不快感など、異文化環境下での対応力や習慣の違いに起因した適応ストレスを感じた被験者がみられた。

とはいえ全ての被験者が、滞在期間の長期化にともない、適応ストレスを克服できたと答えている。つまり、適応ストレスは異文化環境への順応を通して克服可能なのであり、コスモポリタン的な文化変容を抑制する要因としては一時的なものに留まることが示された。

なお、適応ストレスとナショナル・アイデンティティの再考はいずれも海外留学時に生じており、家族や後天的な国際的社会ネットワーク、パーソナリティといった、その他の先行要因との関係性はみられなかった。

**調整要因③：教育ママ**

教育ママも適応ストレスやナショナル・アイデンティティの再考と同様、コスモポリタン的な文化変容を抑制する要因の一つである。しかしながら本要因は、母親とのコミュニケーションから生じるストレスであり、海外留学とのつながりは確認されなかった。

## 4　「旅」としてのコスモポリタニズム

これまで消費者コスモポリタニズムの先行要因および調整要因について、一つ一つ説明してきたが、各要因の関係性を図式化すると図2のようになる。

ウェイン州立大学のカノンらは、コスモポリタニズムは目的地ではなくゴールのない旅のように形成されるとしているが（Cannon & Yaprak, 2012）、図2はこうした主張と近い図式となっている。

加えて、その「旅」は理想化されたコスモポリタン像と、現実の自己との葛藤により、一本道というよりも寄り道の多いものとなる。ゆえに、グローバルなアイデンティティとロー

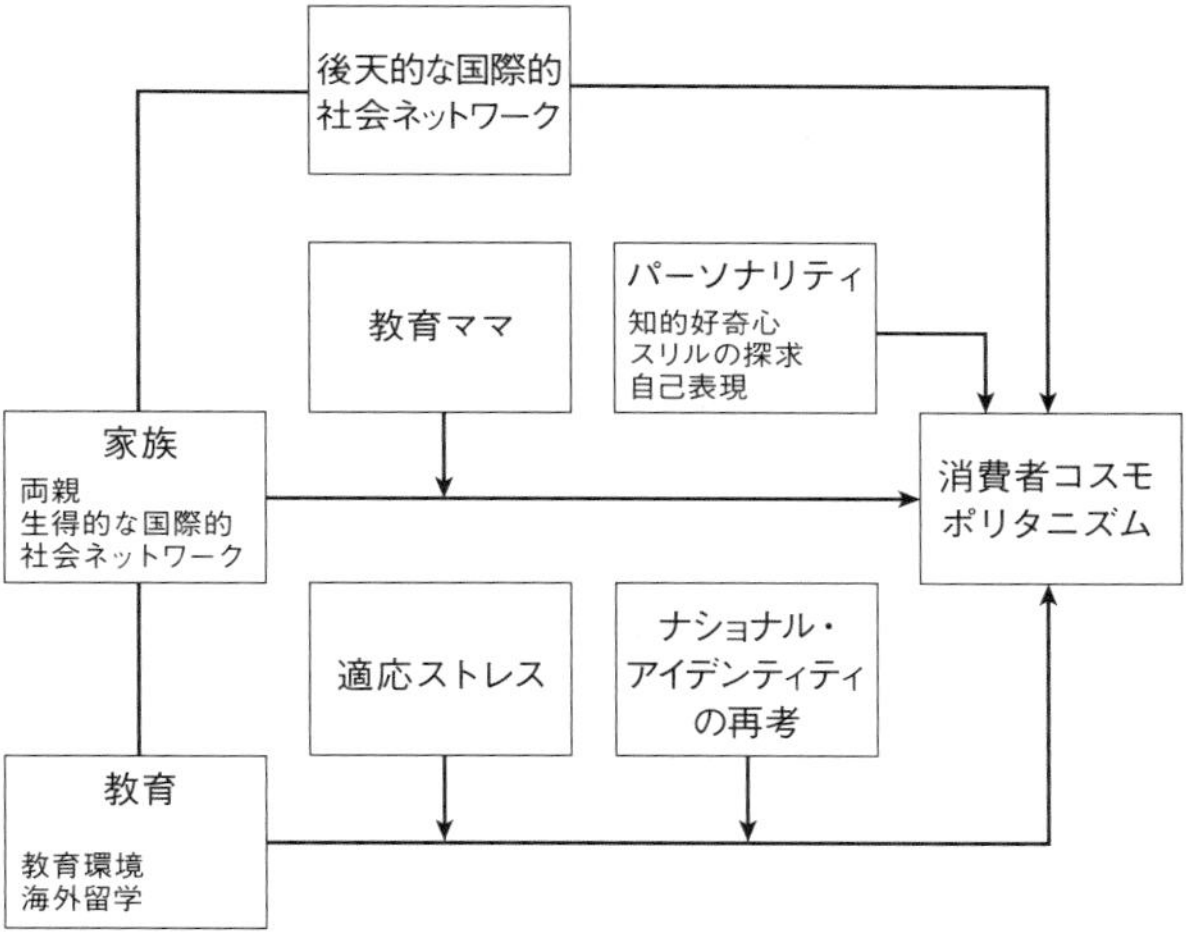


**図２　消費者コスモポリタニズムの形成メカニズム**

カルなアイデンティティとがせめぎ合うなど、状況によってナショナル・アイデンティティを再考するという、寄り道が適宜生じてしまうのである。

本研究では、ＣＣＧＩに焦点を当てたが、今後は同じくウェイン州立大学のカノンらが提唱した、ローカル・アイデンティティ型のコスモポリタン消費者（cosmopolitan consumers with a local identification、以下ＣＣＬＩ）（Cannon & Yaprak, 2012）に焦点を当てた研究にも機会があるだろう。

ＣＣＬＩとは、異文化に対する寛容さや多様性の尊重といったコスモポリタン的価価値観を有しながらも、自国文化を主たるアイデンティティとする消費者のことである。つまり、グローバルなアイデンティティとローカルなアイデンティティを併せ持つ、デュアル・アイデンティティ型のコスモポリタンがCCLIなのである。平たくいえば、グローバルな社会とローカルな社会の両方に関心を示しつつも、自国民としての「らしさ」(日本人であれば日本人らしさ)を大切にする人を指す。

現在、わが国では、外国人居住者やインバウンド客の増加によって、異文化コミュニケーションの機会が顕著に増えてきている。こうした異文化理解が求められる環境下で、「日本文化とは何か」といった自文化理解を問われることも多くなり、結果としてCCLIも増えてくるだろう。

CCGIと比べて、異文化や自文化に対し、いい意味で少し距離を置いた視点から眺めるCCLIは、グローバル人材の不足が危惧される日本において、今後その活躍の場が広がってくるものと期待される。

## 【コラム】コスモポリタニズム、ローカリズムと人口動態的変数

本研究では、消費者のコスモポリタニズム、ローカリズムに加え、性別や年齢といった人口動態的なデータも収集されている。ここでは三者間の関係性について検証した結果を紹介したい。

分析結果から、語学力が高く、海外滞在期間が長くなるほど消費者コスモポリタニズムのスコアが高くなる一方、年齢や一日のインターネット視聴時間との相関はみられなかった。対照的に年齢が高く、語学力が低く、海外滞在期間が短くなるほど自国への関心の度合いを示すローカリズムが高まる傾向にあった。なお、消費者ローカリズムと一日のインターネット視聴時間との相関はみられなかった。

相関分析では因果関係を検証することはできないため、語学力が高く、海外滞在期間が長いからコスモポリタン的になったのか、もともとコスモポリタン的であったために語学力が高くなり、海外滞在期間が長くなったのか、どちらの方向性が正しいかは分からない。確かなのは、前者がコスモポリタニズムの後天的な側面を、後者がその先天的な側面を前提とした因果関係を想定している点である。

消費者ローカリズムについても同様に、語学力が低く、海外滞在期間が短いからローカリズムが高いのか、もともとローカリズムが高いゆえに語学力が低くなり、海外滞在期間が短くなったのか、判然としない。とはいえ、筆者はコスモポリタニズム、ローカリズム問わず、どちらの方向性もあり得ると考えている。

実際に、筆者の分析では、どちらの方向性も示唆される結果が得られている。加えて、生来の特徴と環境が相まって、コスモポリタニズムないしローカリズムに強い影響を及ぼす可能性も排除できない。今後の研究では、質的調査に加えて実験や因果推論を用いることで、どのような条件下でどのような関係性が示唆されるのか、さらなる検証が求められるだろう。

# 第5章　コスモポリタン的表象
## ——コスモポリタンからみえる世界

第4章では、消費者コスモポリタニズムがどのようなプロセスから形成されるのか、インタビュー・データをひも解くことで明らかにした。実務的な示唆よりも理論的な示唆が重視される社会学分野であれば、こうした形成メカニズムに関する研究にも一定の理解が示されるだろう。

しかしながら、マーケティング分野では、研究成果の実務的な展開が期待されることが多い。マーケティング分野のトップ・ジャーナルの一つ、ジャーナル・オブ・コンシューマー・リサーチ（*Journal of Consumer Research*）のように、実務的な示唆を全く求めないジャーナルもあるが、こうしたケースは稀である。

そこで第5章では、コスモポリタン消費者が具体的にどのような行動をしがちなのか、第4章で得られたインタビュー・データをもとに同様の分析フレームワーク（グラウンデッド・セオリー・アプローチ）で分析することで、その行動性向について明らかにし、実務的展開への方向性を示したい。

## 1　文化的アイデンティティの追求

文化的アイデンティティの追求とは、一般的な自国民に対してコスモポリタン的な差別化を求める行動を概念化したものである。被面接者の約半数にみられた行動性向であり、その友人もまた同様の行動をとる傾向が示された。

具体的には、帰国子女などコスモポリタン的なアイデンティティを共有できそうな人には音楽鑑賞や旅行、スポーツといった趣味について語り合う一方、海外経験の乏しい多くの日本人に対しては、こうした対話に消極的で、むしろ距離を置く傾向がみられた。

「類は友を呼ぶ」というが、人は類似の価値観を有する者と時間を共有しようとする場合が多いことが知られている（Byrne & Nelson, 1965）。こうした性向は自然と人々をグループ化する方向に働くものだが、文化的アイデンティティの追求では自発的にグループ化を行うという点で、「類は友を呼ぶ」とは異なる。つまり文化的アイデンティティの追求は成り行きではなく、意志によってかじ取りされる行動なのである。

コスモポリタン消費者は定義上、そのオープン・マインドな特性から、文化的な多様性には寛容なものとされてきた。しかしながら、文化的アイデンティティを追求するという、ある種の偏狭な振る舞いはオープン・マインドな特性と矛盾した行動である。

リール・カトリック大学のソークナー・ロスらによれば（Zeugner-Roth et al., 2015）、消費者コスモポリタニズムは自国民に対しては中立的に、外国人に対してはポジティブに捉えると定義されているが、筆者の調査ではコスモポリタン的傾向を示す消費者は自国民に対してネガティブな態度で臨むケースが多く、ソークナー・ロスらの見解とは異なっていた。

加えて調査では、文化的アイデンティティを共有する仲間内においても、海外滞在期間五年未満、五年から一〇年未満、一〇年以上でそれぞれグループ化の傾向がみられた。

ミネソタ大学のレオン・フェスティンガーが提唱した社会的比較プロセス理論（a theory of social comparison processes）によれば、人間は自分とかけ離れた他者との比較によって自らの意見や能力を評価しようとはせず、むしろ自らの能力や意見と近い人間が比較対象となることが多いという（Festinger, 1954）。

グループとしては同じアイデンティティを共有していても、そのグループ内にさらなる小グループが形成されるのは、自らの能力や意見と近い人間が含まれていては自らを際立たせられないからだと考えられる。

このように、コスモポリタンの有するオープン・マインドな特性は、状況によっては排他的なアイデンティティに取り込まれてしまい、差異化へ向けたグループ化に向かうのである。文化的アイデンティティの追求が内包する、こうした差異化のプロセスは社会的比較プロセス理論を取り込むことで、さらなる示唆が得られるだろう。

## 2　舶来品嗜好

舶来品嗜好とは、舶来品とりわけ西洋からの品物を好意的に受容し、選択する傾向のことである。被面接者の多くが、洋楽や洋画といったコンテンツやアートを含む舶来品を、国産品よりもファッショナブルで洗練されたものと捉え、意欲的に接触していた。

例えば、洋楽を好む理由として独創性やファッション性が高いこと、リズムが好みであることなどが挙げられていた。一般的に、文化的な類似性の低い洋楽よりも、それが高い邦楽の方が日本人に受け入れられやすく、市場規模も大きいと考えられる。しかしながら、被面接者からは洋楽に対する漠然としたポジティブなイメージによって、洋楽が好意的に捉えられていた。

ウィーン大学のペトラ・リーフラーらの研究では、イノベーティブな製品やサービスを好む傾向と、コスモポリタニズムとの間に正の相関が確認されている（Riefler et al., 2012）。したがって、コスモポリタンはこうしたイノベーティブさを好む傾向によって、日本ではあまり馴染みのない洋楽などの舶来品に興味を持つようになったとも解釈できる。

被面接者の中には、上記のように自発的に舶来品を求める者がいた一方で、留学時に観察した風景や、身近な他者からの推奨を通して舶来品を嗜好するようになった者もみられた。例えば、あるスポーツ・ウェアが米国で人気があることを聞かされ、部員の多くがこぞってそれを買い求めたり、米国のキャンパス内でスケートボードに乗って移動する学生に憧れて、それを練習してみたりと、舶来品に対する先入的な愛好が垣間みられた。

特に、スポーツ・ウェアのケースでは、文化的アイデンティティの類似した仲間の行動を疑うことなく受容し、購入意欲が掻き立てられている点が興味深い。これはフランスの哲学者、ジャン・ボードリヤールの提唱する、順応（conformity）の概念と類似している(Baudrillard, 1970)。

ボードリヤールによれば、順応とは「ある人びとを他の集団の人びとと区別する同じ記号を分かち合うこと」（同右、邦訳 pp. 140–141）であり、コスモポリタンは他者と区別するためのサインとして舶来品を用い、それを共有することで自らを差別化しようとしているのである。

なお、このスポーツ・ウェアへの関心は、日本市場への製品普及が進むとともに薄れていったという。つまり、そのブランドが一般に広く浸透してきたことで、コスモポリタン的な差別化の記号としての役割が果たせなくなったのである。

こうした心境の変化を経営的な視点に活かすことは重要である。舶来品として海外に製品やブランドを販売する際は、その普及のスピードをうまくコントロールし、差別化の記号としての役割を失わぬよう、供給量やイメージをうまくかじ取りすることが求められる。特に自動車や時計など、高額な製品カテゴリーを扱う際は注意が必要なものと思われる。

## 3　オーセンティックな経験

オーセンティックな経験とは、留学や旅行先でしか味わえない本物の経験を意味し、被面接者からは、オリジナルの経験を求める強いこだわりが感じられた。例えば中華料理であれば日本人向けにアレンジされたものではなく、中国人が食べているような本場の味に心惹かれる傾向がみられた。最近では、いわゆる「ガチ中華」がこうした本場の味を提供する場として実際に機能している。

さらに、コスモポリタン消費者は旅行先においても旅行者向けの情報や観光バスといった交通手段ではなく、自らの足で様々なローカル・スポットを散策するなど、商業化されていないオーセンティックな場所への関心が高かった。利便性でいえば、観光客然として旅行先を巡る方が理に適っているが、あえてそぞろ歩きをするという点が特徴的である。

ニューヨーク市立大学のデヴィッド・ハーヴェイは、そもそもオーセンティックな経験を求めること自体がモダンな価値観であると指摘している（Harvey, 2009)。あらゆる文化がパッケージ化され、取引される現代において、オーセンティックな経験は年々貴重なものとなってきている。逆説的にいえばオーセンティックな経験が貴重であるからこそ、本物を求めてしまうのである。

とはいえ、オーセンティックな経験を求める行為には危険がともなうことも十分にあり得る。ある被面接者は、旅行先ではなるべく現地の料理を味わってみたいものの、場所によっては衛生面での懸念から屋台などで食事をとることは難しいとのことだった。

また、ローカル・スポットの散策にしても、興味本位でどこでも行けるというわけでないだろう。このように、常識的な範囲では行動が制限されるものの、現地で異文化を体験してみたいという強い動因が被面接者からは伝わってくる。オーセンティックな経験を求める気質には、コスモポリタニズムの先行要因として挙げた知的好奇心が関係しているように思われる。

## 4　行動性向間にはどのような関係性があるのか

本章では、文化的アイデンティティの追求、舶来品嗜好、オーセンティックな経験という、三つのコスモポリタン的行動性向について説明してきた。いずれも一般的な日本人とは異なる、コスモポリタンならではの異文化経験にもとづくモノの見方や考え方が反映されており、興味深い発見が得られている。ここでは、図3にもとづき各行動性向間の関係性をひも解くことで、その構造的な理解を深めてみたい。

まず、文化的アイデンティティの追求と舶来品嗜好との間には、次の関係性が示唆される。まず文化的アイデンティティの追求がコスモポリタン的な価値観を共有する者同士をグループ化すること。そして、グループ内の人々があたかも歩調を合わせるかのように舶来品に惹かれ合うという関係性である。

この状況下において舶来品は、海外経験の少ない大多数の人々と、自らの属するコスモポリタン的なグループとを区分する表象の役割を担っており、グループ内では客観的な製品の

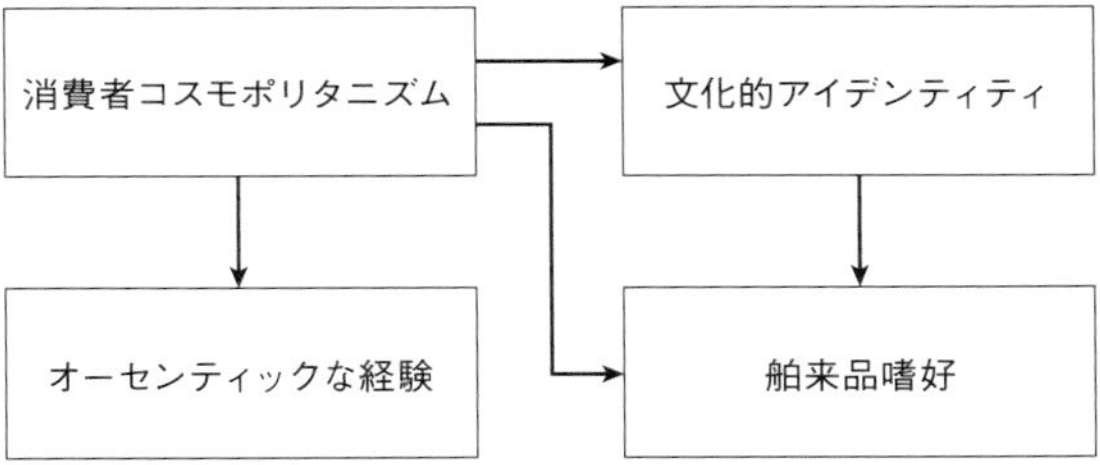


**図３　行動性向間の関係性**

良し悪しではなく舶来品であることが何より重視されていた。前述のスポーツ・ウェアの例では、日本においてまだあまり浸透していない舶来ブランドであったことから、部員がこぞってそれを買い漁っていた。文化的アイデンティティの共有下で、信念ともいえるバイアスが強くかかることは、舶来品のターゲットを定めるうえでコスモポリタンが有望なセグメントであることを示唆している。

オーセンティックな経験については、西洋や東洋といった文化的な区分が問題にならないうえ、経験の対象は製品というよりサービスが主体となっていることが特徴的である。したがって、オープン・マインド的なコスモポリタンの性格をよく反映した行動特性であり、舶来品嗜好という排他的な行動特性とは一線を画した概念であるといえる。

加えて、舶来品の場合、製品を通した間接的な文化的体験が可能となる一方で、オーセンティックな経験は、直接的な文化的体験を通してのみ得られるといった相違点がある。そもそも、オーセンティックとは「本物の」という意味であり、場所との結びつきが強い概念である。

ここで、インバウンド・ビジネスにオーセンティックな経験を結び付けて考えると、いうまでもなく、訪日を通して得られる様々な経験は場所と結びついたものである。日本には四季折々の風景やバラエティに富む食文化、先進性とノスタルジーとが入り混じった「モダンな」都市など、観光資源に恵まれた様々な魅力が備わっている。最近では、ニューヨーク・タイムズ紙の「二〇二三年に行くべき五二か所」に盛岡市や福岡市が（https://www. nytimes. com/interactive/2023/travel/52-places-travel-2023. html）、「二〇二四年に行くべき五二か所」に山口市といった特色のある地方都市が選ばれるなど（https://www.nytimes.com/interactive/2024/travel/places-to-travel-destinations-2024.html）、海外から日本へと向けられる目は中央から地方へと着実に広がりをみせている。

さらに、第4章で述べたように、コスモポリタンは知的好奇心が強く、リスクを恐れない果敢な性格を有している。こうした特性は、インバウンド・ビジネスのイノベーターとして、コスモポリタンが候補に挙がりうることを示唆している。

実際に、リーフラーらの研究では革新的な製品・サービスにいち早く触れる傾向を捉えた、消費者イノベーティブネス（consumer innovativeness）（Steenkamp et al., 1999）とコスモポリタニズムとの間にポジティブな相関があることが確認されている（Riefler et al., 2012）。つまり、革新的な製品・サービスにいち早く触れようとする人は、コスモポリタン的な特性を備えている可能性が高いのである。オーセンティックな経験を求めるコスモポリタンの行動特性をビジネスに結び付けるには、そのイノベーティブな側面にも注目すると良いだろう。

## 【コラム】日本にインスパイアされたブランド、アクセル・アリガト

前述のように、筆者は二〇二二年夏にデンマークのコペンハーゲンに研究休暇に出かけていたのだが、その中心地の百貨店で目にしたのが「アクセル・アリガト」（Axel Arigato）という、シューズ・ブランドである。コペンハーゲンでの生活も佳境に入ってきたこともあり、そろそろ帰国を考え始めた頃であったが、「アリガト」の文字がさりげなくシューズに印刷されている様をみて、日本が称えられているようでどこかうれしい気持ちになった。その後、同市内の旗艦店を訪れ、店員にブランドの意味を尋ねたところ「これは日本という国にインスパイアされた（ひらめきを得た）、スウェーデン発のシューズ・ブランドです」とのことで、「こちらこそありがとう」と思わず言ってしまいそうであった。

このブランドのデザイナーは、何らかのきっかけで対日アフィニティを感じるようになり、シューズ・ブランドとして日本イメージを具現化したのだろうが、筆者もスウェーデンに対してどこかアフィニティを抱いてしまった。

同様に、日本にインスパイアされてできたブランドとしては「Superdry 極度乾燥（しなさい）」が有名である。こちらは日本を訪れたイギリス人が日本人の衣服に意味不明な英語が書

かれていることに着想し、生まれたブランドである。本ブランドを通して、筆者の対英アフィニティは高まることも、低まることもなく、特に変わらなかった。おそらく、ブラックジョークから生まれたブランドだからであろう。馬鹿にされているというより、「痛い」ところを突かれたな、といった所感である。

アクセル・アリガトの事例から、対日アフィニティを高めるには相手国にインスパイアされた日本ブランドといった体《てい》でブランドを創作してみるのも面白いかもしれない。その際は、アクセル・アリガトと同様に相手国へのさり気ないリスペクトが感じられることがポイントになるだろう。

# 第6章　どのようなコミュニケーションが有効になるのか

## 1 カントリー・バイアス研究の課題と機会

本書では、第1章から第3章にかけてカントリー・バイアスに関する諸研究をレビューしてきた。具体的には、各概念がどのような背景のもとで生まれ、展開されてきたのか、さらに各概念は理論的にどのように棲み分けされ、応用研究に結びついてきたのかを整理してきた。

たしかに、多くのカントリー・バイアス研究は、米中対立や日韓関係、日台の協調など、グローバルかつモダンな消費者行動を読み解くカギとして、われわれに有益な示唆を与えてくれる。他方で、カントリー・バイアスのベースとなる概念は主として社会学から派生したものであるためか、実験的なアプローチへの関心があまりみられない。

心理学や経済学分野では、実験参加者をランダムに各条件に割り当て、条件間の効果の差や相乗ないし相殺効果を検証するなど、実験的なアプローチが頻繁に採用されている。

それではなぜ、カントリー・バイアス研究において実験的なアプローチは限られているのか。考えられる理由として、カントリー・バイアス研究では国や文化といった多面的な要素からなる変数をコントロールする必要があり、比較したい変数どうしが厳密に比較されているか、確信が持ちにくい点が挙げられる。

結果として、カントリー・バイアス研究ではマーケティング・コミュニケーション上の意思決定方略に関する示唆が必ずしも十分に提示されていない。つまり、どのようなときに(条件)、どのようなコミュニケーションを選択すれば消費者からの好ましい反応を導くことができるのか、未解明のままなのである。

ゆえに、第6章ではカントリー・バイアスの一つである消費者コスモポリタニズムに注目し、消費者コスモポリタニズムがどのような条件のもと製品の評価や購買意向を高めるのか、実験的なアプローチによる検証結果や示唆を紹介する。

## 2　解釈レベル理論との出合い

実験的なアプローチを導入する際、不可欠なのが理論的な視点である。筆者はアミール・

グリンステインらが二〇一五年に発表した、コスモポリタン志向とサステナビリティ（sustainability、持続可能性）に関する論文から（Grinstein & Riefler, 2015）、消費者コスモポリタニズムを実験的なアプローチへと導く一つの示唆を得ている。それは解釈レベル理論と消費者コスモポリタニズムとの接点である。

ここで簡単に解釈レベル理論（construal level theory）について説明しておきたい（Trope & Liberman, 2003）。解釈レベル理論はニューヨーク大学のヤコブ・トゥループ、テルアビブ大学のニラ・リバーマンらによって提唱された、社会心理学の理論である。

解釈レベル理論は対象ないし目標までの心理的距離に注目することが特徴で、心理的距離の遠近と人々の認知的な情報処理の変化を説明してくれる。

トゥループらによれば、人々は対象や目標に対して心理的に遠く感じた場合、解釈レベルが高次に導かれ、対象や目標を抽象的に捉える一方、対象や目標に対して心理的に近く感じた場合、解釈レベルが低次に導かれ、対象や目標を具体的に捉えるようになるという。

以上の議論を踏まえ、解釈レベル理論のメカニズムをより分かりやすく説明すると、対象や目標に対して心理的に遠く感じた場合、それらが一体どのようなものか推論せざるを得ず

（＝高次の解釈レベルへの移行）、対象や目標を大まかに（＝抽象的に）捉えようとする。対照的に、対象や目標に対して心理的に近く感じた場合、どのようなものかイメージがわき易いことから（＝低次の解釈レベルへの移行）、対象や目標を細かに（＝具体的に）捉えようとする。

グリンステインらの論文では、消費者コスモポリタニズムが高い人は一般的な消費者とは異なり、自国の環境問題への貢献よりも、グローバルな環境問題に貢献する製品メッセージの方に好意的な評価を下す傾向が示されている。

しかしながら、消費者コスモポリタニズムと自国ないしグローバルな環境問題との心理的距離は確認されておらず、このメカニズムが果たして有効に機能するかどうか、踏み込んだ検証が必要なものと思われた。この論文では自国の環境問題が低次の解釈レベルに、グローバルな環境問題が高次の解釈レベルにそれぞれ対応していることが前提となっているからである。

また、この論文では消費者コスモポリタニズムと消費者ローカリズムとが相反する概念として扱われており、自国に対しては中立的という、消費者コスモポリタニズム本来の定義とは異なる点も気になっている。

そこで、グリンステインらの論文とは異なるコンテキストで消費者コスモポリタニズムと解釈レベル理論との関係性を検討できないかと考えていたところ、中央大学の李炅泰教授が公刊したコーズ・リレーテッド・マーケティングに関する論文に出合い（李，2015）、本課題の解決に至る着想を得ることができた。

というのも、コーズ・リレーテッド・マーケティングで扱われる対象は、国内外の環境や貧困に関する課題だからである。つまり、国内課題の場合は心理的距離が近く感じられ、国外課題の場合は心理的距離が遠く感じられるといった関係性が成り立つと推察される。直感的に、心理的距離の遠近に合わせたコミュニケーション・アプローチが存在し得ると感じたのである。

## 3 コーズ・リレーテッド・マーケティングと消費者コスモポリタニズム

コーズ・リレーテッド・マーケティング（cause-related marketing）とは、一九八八年にテキサス・エー・アンド・エム大学のラジャン・ヴァラダラジャンとテキサス工科大学のアニル・メノンによって提唱された、マーケティング戦術である（Varadarajan & Menon, 1988）。東京電機大学の世良耕一教授によれば、コーズ（cause）とは「良いことなので援助をしたくなる対象」（世良, 2014）のことであり、コーズ・リレーテッド・マーケティングの実践例としては二〇一六年に展開された、日本コカ・コーラの「い・ろ・は・す水源保全プロジェクト」が分かりやすい。

本プロジェクトでは、「い・ろ・は・す」ブランドのミネラルウォーターの売上から一部が、その水源保全などの活動に携わる自治体や非営利団体に寄付されるというキャンペーンが展開されている（日本コカ・コーラ, 2016）。

「い・ろ・は・す」の例では、国内課題向けのコーズが扱われているが、貧困や教育格差といった国外課題向けのコーズもあることに鑑みると（Grau & Folse, 2007）、コスモポリタン消費者はこうしたグローバルな社会課題を扱ったコーズを身近に感じる可能性がある。

つまり、コーズ・リレーテッド・マーケティングの支援対象が国外の場合、コスモポリタン消費者と支援対象との心理的距離が近くなり、解釈レベルが低次に導かれた結果、抽象的な支援内容よりも、具体的な支援内容を提示しているキャンペーンの方が好意的な評価が下

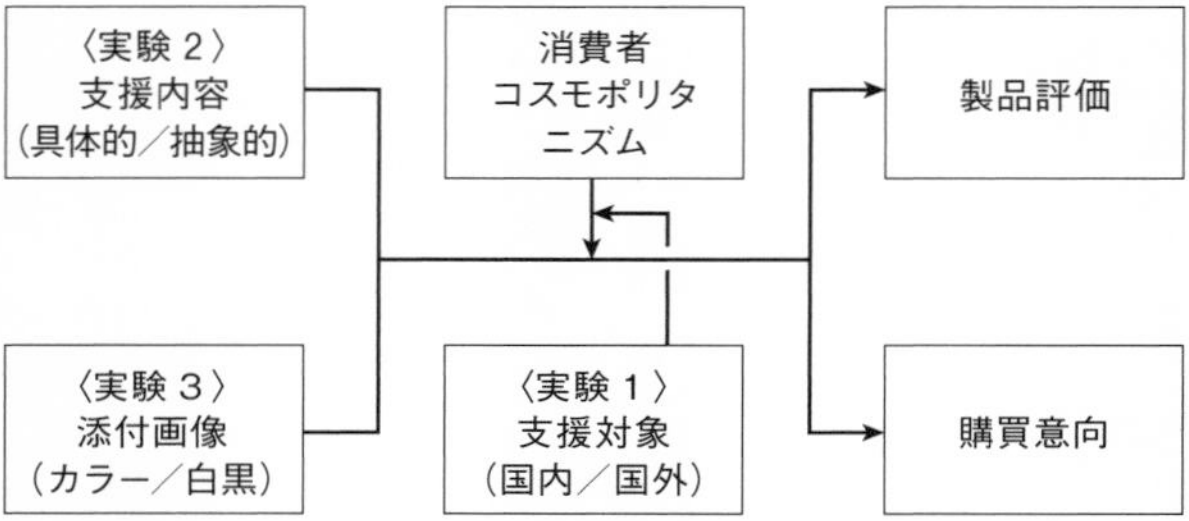


図4　消費者コスモポリタニズムの意思決定方略モデル

されると想定される。

他方、支援対象が国内の場合、コスモポリタン消費者と支援対象との心理的距離が近くも遠くもならないため、キャンペーンを具体的ないし抽象的に操作しても効果は期待できず、上記の関係性は成り立たないと考えられる。

加えて、ウェスタン・オンタリオ大学のマーク・クリーブランドらによれば、消費者コスモポリタニズムが高くなるほど、慈悲心も高くなるという関係性がみられたという(Cleveland et al., 2011)。ゆえに、コスモポリタン消費者はそもそもコーズ・リレーテッド・マーケティング自体をポジティブに捉える可能性がある。

以上の仮説を一つのリサーチ・モデルに整理すると図4のようになる。次節より各仮説の検証結果について紹介していく。

## 4　国内を支援対象とした場合（実験1）

ここでは、コスモポリタニズムが高くなるほど、コーズ・リレーテッド・マーケティングが展開されている製品に好意的な評価が下されること、そして支援対象が国内の場合、コスモポリタニズムとの心理的距離の遠近が生じず、解釈レベルに応じたコーズの操作が無効になることを確認する。

まず、本調査に入る前にどのような内容のコーズが社会的に展開されているのかについて、予備調査を行った。というのも、支援内容にリアリティがなければ、適切な評価が下されないからである。

そこで、国内を支援対象としたコーズを調べたところ、スターバックスコーヒージャパンの「ハミングバードプログラム」が目に留まった。本プログラムでは東日本大震災で遺児となった子どもたちの進学支援へ向けて、二〇一二年から三年間にわたって震災遺児の支援団体「みちのく未来基金」に売上の一部が寄付されている（スターバックスコーヒージャパン、

2017)。

こうした背景や児童養護施設に対するヒアリング調査から、抽象的な支援内容としてスポーツ支援を、具体的な支援内容としてサッカーボールの寄付を採用した。統計学的な分析の結果、スポーツ支援の方がサッカーボールの寄付よりも抽象性が高い表現である一方、寄付内容の価値や適切さについては、スポーツ支援とサッカーボールの寄付との間に差がないことが確認された。

以上から日本の一般消費者に対してインターネット経由の実験を行った。実験参加者には、「ある企業は以下のチョコレートの販売を予定しています。そのチョコレートのパッケージには、『このチョコレートは、商品の売上に応じて、その販売収益の一部が、日本の児童養護施設の子供たちへの（スポーツ支援／サッカーボール）として寄付されます』と書かれていました」という二つのシナリオが半数ずつになるようランダムに割当てられた。

収集されたデータを分析したところ、消費者コスモポリタニズムが高くなるほどコーズ・リレーテッド・マーケティングが展開されている製品に好意的な評価が下されていた。ただし、購買意向に関しては消費者コスモポリタニズムとの関係性はみられなかった。考えられる理由としては、寄付対象はあくまで日本の子どもたちであり、貧困国の子どもたちほど切迫した状況にあるわけではないことから、製品評価は高まっても、購買意向は高まらなかったのかもしれない。

いずれにせよ、消費者コスモポリタニズムに潜む慈悲心は、寄付つき製品の評価にプラスに働く可能性が示唆された。つまり、コーズ・リレーテッド・マーケティングによる寄付つき製品を展開する場合、消費者コスモポリタニズムの高い人をターゲットにすると、製品評価が好ましくなると考えられる。

続いて、消費者コスモポリタニズムの度合いに応じて支援内容をスポーツ支援ないしサッカーボールの寄付に変えても、特に反応の違いは生じていなかった。つまり、支援対象が国内の場合、コスモポリタン消費者はその支援対象を心理的に近くも遠くも感じず、解釈レベルも変化しないことから、支援内容の操作は無効になったのである。

次の実験2では、支援対象が国外の場合のコーズ・リレーテッド・マーケティングを取り上げ、解釈レベルの変化にともなう支援内容の操作が有効かどうかみてみたい。

## 5　支援対象が国外かつ支援内容を操作した場合（実験2）

実験2の目的は、支援対象が国外の場合、コスモポリタニズムが高い消費者には具体的な支援内容（サッカーボールの寄付）を、コスモポリタニズムが低い消費者には抽象的な支援内容（スポーツ支援）を提示することが効果的かどうか、検証することである。

実験2は実験1で提示したシナリオの一部、具体的には「日本の児童養護施設の子どもたち」を「アフリカの児童養護施設の子どもたち」に変更する以外は、同一の設計にて実施された。加えて、グリンステインらの研究に対して指摘した、消費者コスモポリタニズムと対象との心理的距離の確認を行ったところ、消費者コスモポリタニズムが高くなるほど、アフリカの人々を身近に感じていることが明らかになった。つまり、実験1と異なり、支援対象を国外としたことで心理的距離が変化していた。

次に、コスモポリタニズムが高くなるほど、コーズ・リレーテッド・マーケティングを展開している製品に高い評価が下されており、実験1と同様の結果が得られた。つまり、この関係性は非常に堅いものであることが示されたといえる。

さらに、コスモポリタニズムが高くなるほど具体的な支援内容（サッカーボールの寄付）を示した製品の方が、抽象的な支援内容（スポーツ支援）を示した製品よりも好ましい評価が下されていた。したがって、支援対象が国外の場合、コスモポリタニズムが高くなるほど支援対象（アフリカの児童養護施設の子どもたち）との心理的距離が近くなり、解釈レベルが低下することで、効果的なコミュニケーション方略も変わってくることが明らかになった。

このままでも十分有益な発見ではあるが、もうひと捻り何か興味深い発見を導き出せないか、アイディアを練ってみることにした。そこで、早稲田大学消費者行動研究所にて本研究の経過を報告した際、上智大学の外川拓准教授より解釈レベルと画像の白黒、カラーとの対応関係について扱った論文を紹介された。それはオハイオ州立大学のリ・ヒョジンらが公刊した「モノクロの森林とカラフルな樹木」という論文である（Lee et al., 2014）。

この論文では、白黒画像が高次の解釈レベル（対象を抽象的に捉える）、カラー画像が低次の解釈レベル（対象を具体的に捉える）に対応していることが複数の実験にて実証されている。リらの説明では、カラー画像と比べて白黒画像は過去を連想させることや、細かな部分の識別が困難になることから、解釈レベルとしては高次に導かれる（より抽象度の高い解釈をするようになる）という。

上記の知見を本研究に応用すると、白黒画像が抽象度の高い条件、カラー画像が抽象度の低い条件として扱うことができ、支援内容以外の操作方法として有力な候補になり得ると考えた。そこで追加的な検証として、支援内容は同一としつつも、製品紹介に添えられた画像を白黒とカラーに操作しても実験2と同様の関係性が再現されるか検証することにした。

## 6　支援対象が国外かつ画像を操作した場合（実験3）

実験3の目的は、支援対象が国外の場合、コスモポリタニズムが高い消費者にはカラー画像を、コスモポリタニズムが低い消費者には白黒画像を製品紹介に添えることが効果的かどうか、検証することである。

本調査を進める前に、実験で用いる画像を専門の業者から四枚ほど購入し、それらを機械的に白黒に変換したものと元画像を抽象性と好ましさの観点から比較した。

**表3　消費者コスモポリタニズムの意思決定方略**

| 実験 | 支援対象 | コスモポリタニズム | 心理的距離 | 解釈レベル | 消費者の反応 |
|---|---|---|---|---|---|
| 1 | 国内 | 高い<br>低い | 変化なし<br>〃 | 変化なし<br>〃 | 支援内容：具体的≒抽象的 |
| 2 | 国外 | 高い<br>低い | 近くなる<br>遠くなる | 低次<br>高次 | 支援内容：具体的＞抽象的<br>〃　：具体的＜抽象的 |
| 3 | 国外 | 高い<br>低い | 近くなる<br>遠くなる | 低次<br>高次 | 添付画像：カラー＞白黒<br>〃　：カラー＜白黒 |

データ収集と検証を重ねた結果、軒先に一人で座っている少年の画像について、白黒とカラーの間で抽象性に差がありつつも、画像自体の好ましさに差がなく、この画像を本調査に用いることにした。

実験参加者には「ある企業は以下のチョコレートの販売を予定しています。そのチョコレートのパッケージには、『このチョコレートは、商品の売上に応じて、その販売収益の一部が、アフリカの児童養護施設の子供たちに寄付されます』と書かれていました」というシナリオとともに、アフリカの子どもが写ったカラーないし白黒の画像を添え、そのいずれかを無作為に実験参加者に割り当てた。これまでの実験と異なり、あえて寄付内容を記載せず、画像による刺激の操作にポイントを置いたシナリオとなっている。

分析結果から、コスモポリタニズムが高い消費者にはカラー画像を、コスモポリタニズムが低い消費者には白黒画像を製品紹介に添えることが効果的であることが概ね示された。「概ね」と記述した理由は、一部の結果においてコスモポリタニズムが低い消費者のときは白黒画像の方がカラー画像よりも効果的であった一方で、コスモポリタニズムが高い消費者のときに画像間の効果に差がみられなかったからである。

解釈の難しい結果ではあるが、カラー画像とは異なる、白黒画像特有の美的な側面が影響を及ぼした可能性も考えられる。読者の中にも、ＳＮＳなどであえて白黒にしたプロフィール写真をみたことはないだろうか。

また、予備調査の際に、参考情報として画像間の「物哀しさ」に差がないか検証してみた結果、白黒画像の方がカラー画像よりも物哀しくみえるという結果が得られている。こうした違いが消費者コスモポリタニズムの有する慈悲心の影響を受けたのかもしれない。このように、想定とは若干異なる結果もみられたが、全体としては支持的な結果が得られている。

なお、これまでの実験と同様に、コスモポリタニズムが高くなるほど、コーズ・リレーテッド・マーケティングを展開している製品に高い評価が下されていた。つまり、コーズ・リレーテッド・マーケティングを展開する際に、コスモポリタン消費者をターゲットとすると良いことが示された（表3）。

## 7　解釈レベル理論がカントリー・バイアス研究に与えてくれたもの

### 汎用性が高い理論

本章では、コーズ・リレーテッド・マーケティングと消費者コスモポリタニズムについて、解釈レベル理論の視点から三つの実験を紹介した。その過程でみえてきたのは、解釈レベル理論の汎用性の高さである。解釈レベル理論がなければ、コーズ・リレーテッド・マーケティングと消費者コスモポリタニズム間の単純な因果関係しか検証することはできなかっただろう。

そこで第六章では、消費者コスモポリタニズムがどのようなときに、コーズ・リレーテッド・マーケティングの効果を高められるのか、その条件について心理的距離と解釈レベルの変化に注目することで明らかにした。

つまり、コーズ・リレーテッド・マーケティングに好ましく反応しやすい消費者コスモポリタニズムが高い消費者だけでなく、それが低い消費者に対しても有効なコミュニケーション方法があることを示したのである。

関連して、解釈レベルに応じたコミュニケーション方法に、寄付内容及び画像の操作という二つの方法が検討できることが示された。いずれも実務的な応用が十分可能な操作方法であり、実際にコーズ・リレーテッド・マーケティングを展開する際など参考にすることができるだろう。特に、画像を白黒とカラーに操作するという方法は、ソフトウェアなどを使って簡単に再現可能であり、有効な手段の一つとして検討されたい。

## コーズ・リレーテッド・マーケティングの効果を高めるには

なお、性別や年齢といった人口動態的な観点からコスモポリタニズムの高い消費者の特徴として、比較的若年で高い教育を受けており、都市部に居住しているという傾向が挙げられる（Terasaki, 2016）。したがって、例えば都市部や大学、航空会社の上級会員などに国外を支援とするコーズ・リレーテッド・マーケティングを展開する場合、寄付内容をより具体的に示したり、画像をカラーでみせたりすることで好ましい反応が得られる可能性がある。

逆に都市部以外の、ホワイトカラーが少なかったり、年齢層の高い地域でコーズ・リレーテッド・マーケティングを展開する場合、寄付内容の抽象度を上げたり、製品や広告に添えられる写真を白黒にすることで、購買を促進できると考えられる。

とはいえ、こうしたマーケティング・キャンペーンの実行に際しては、人々に何らかの疑念を持たれぬよう、慎重に行う必要がある（Lii et al., 2013）。東京電機大学の世良耕一教授は、「陰徳」を重んじる日本ではコーズ・リレーテッド・マーケティングに抵抗感を持つ人もいるだろうとしつつ、キャンペーンを通した税金の納付まで視野に入れると、純粋な寄付よりも結果として公益に資するなど、その重要性を広く訴えている（世良, 2014）。

たしかに、純粋な寄付よりもコーズ・リレーテッド・マーケティングの方が波及力に優れ、結果として寄付額はより高額になるかもしれない。こうした高い視点からコーズ・リレーテッド・マーケティングの意義を再考してみる価値は十分にある。

今後の研究では、チョコレート以外の製品カテゴリーを採用してみたり、日本と文化的に類似性の高い国や地域に対しても、本研究と同様の結果が得られるか、検討したりしてみても面白いだろう。マイアミ大学のマイケル・ストラヒレヴィッツらは実用品よりも娯楽品においてコーズ・リレーテッド・マーケティングの効果が高まることを発見している(Strahilevitz & Myers, 1998)。

例えば、高級車にコーズ・リレーテッド・マーケティングを紐づけた場合、顧客からの反応は一般の乗用車と比べて好ましくなる可能性がある。娯楽品は実用品ではないため、売上の一部を「喜捨」しても気にならないからである。

その他、外国とはいっても、日本と文化的に近い東アジア諸国を寄付先としたとき、どのような反応が得られるかなど、研究の方向性はさまざまにあり、今後の研究が期待される。

第6章では、カントリー・バイアス研究をコミュニケーション戦略に活かすべく、コーズ・リレーテッド・マーケティングを題材に、消費者コスモポリタニズムと解釈レベル理論との接点に注目して、いくつかの興味深い発見を紹介してきた。

次章では、相反する二つのカントリー・バイアス間の関係性や、これらが消費者の購買意向や製品判断に及ぼす影響について、結果を共有していく。一連の発見から、カントリー・バイアスが人々の意思決定に及ぼす複雑な関係性を読み解くカギがみつかるものと想像されるためである。具体的な議論は第7章にて紹介していきたい。

## 【コラム】 寿司職人が海外で月収二〇〇万円

日本の寿司職人がホスピタリティや手仕事の細やかさ、オーセンティシティの高さから海外にて高給で雇われるケースが増えている（テレビ東京「ワールドビジネスサテライト」二〇二三年一一月二三日放送分）。最近では円安効果もあり、海外の寿司店で働くことは魅力的な選択肢の一つになりつつある。

これだけ聞くと、労働力不足に悩む日本にとって寿司職人の海外流出はネガティブなニュースに聞こえる。しかしながら、カリフォルニア・ロールなど、「現地風」の寿司しか食べてこなかった人が、本来の寿司を食する機会が増えることで、寿司に対する理解が深まり、結果として和食への関心も高まるかもしれない。人によってはインバウンド客として日本を訪れ、本物の寿司に舌鼓を打つ人もいるだろう。

このように、寿司職人の海外流出は労働力人口の減少という意味では日本にマイナスだが、駐留先の食文化に新たな彩を添えることにもなる。ワールドビジネスサテライトでは、寿司職人が和食の日本「大使」として、その素晴らしさを現地に伝える存在となり、これまでも国外で高く評価されてきた和食の価値を益々高めてくれるものと期待されるとし、寿司職人の流出のポジティブな面に注目していた。

また、寿司ネタとして日本の食材が輸出された場合、貿易収支の改善にもプラスに働くことになる。少子高齢化による人口減少に悩まされる日本にとって、寿司職人の適度な流出はむしろ国富増大に結びつき、歓迎すべきトレンドなのかもしれない。

# 第7章　相反するカントリー・バイアスが意思決定に及ぼす影響

## 1　現代の消費者行動のより良い理解へ向けて

カントリー・バイアスについて、ポジティブなものとして消費者のアフィニティ、コスモポリタニズム、ネガティブなものとしてアニモシティ、エスノセントリズムに分けて議論を進めてきた。

ここで日本政府観光局がまとめた国・地域別のインバウンド客数をみてみると、韓国や中国といった、日本と政治や経済において対立している国々が上位を占めていることが分かる(図5)。

ポストコロナ以降、円安の追い風も吹いてか、西洋諸国からのインバウンド客も増加傾向にある。他方で、近隣諸国、とりわけ先に示した二か国からのインバウンド客が依然として多く目につく。こうした事実は、韓国や中国で時折生じる反日運動とは矛盾した行動であり、一人の消費者の中でカントリー・バイアスが何らか多層的に働いている可能性を示唆している。

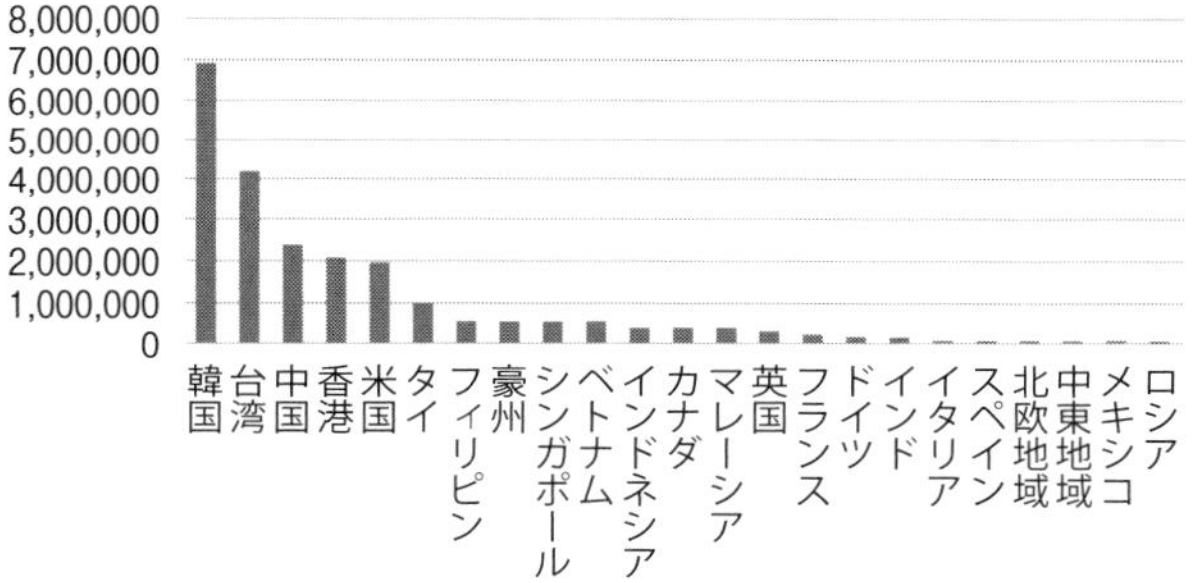


**図５　国・地域別のインバウンド客数**

（出所）日本政府観光局（2022）をもとに著者作成

ウィーン大学のエヴァ・オベレッカーらや、ルピン・アカデミックセンターのヨエル・アサラフらによれば、ポジティブなカントリー・バイアスとネガティブなそれは、両極にあるというよりも、互いに独立した関係であり、共存もあるという（Oberecker & Diamantopoulos, 2011; Asseraf & Shoham, 2016）。

この指摘をより具体的な形で整理すると、例えば対外アフィニティの低い人は、すべからくエスノセントリズムの高い人であり、その逆もしかりといった関係にあるのではなく、両者はあくまで同じ対象に向けられた異なる評価軸として捉えられる。

オベレッカーやアサラフらの主張は、日中間、日韓間で度々生じる政治経済上の軋轢にかかわらず中韓からのインバウンド客がたゆまなく日本を訪れているという事実と整合性がある。カントリー・バイアスに内在する何らかの多層的な働きを明らかにできれば、こうした不可解な現象をより良く説明できそうである。

第7章では、相反する二つのカントリー・バイアスとして消費者のアフィニティとエスノセントリズムに注目し、その関係性を探る。さらに、こうした二つのカントリー・バイアスに相乗効果ないし相殺効果をもたらす心的要因やイメージについても調査する。すなわち、カントリー・バイアスがどのような条件のもと、消費者反応に強い影響を及ぼすのかを考えていく。

上記の課題に応えることで、次のような知見が期待できる。まず、日本企業が国外市場に製品・サービスを展開する際に留意すべき、社会状況に対する知見である。適切な時期に適切な市場展開を図らなければ、反日ボイコット運動に過度に巻き込まれたり、ブランド力をむしろ落としたりするためである。

つまり、これから海外展開しようとする国について、その国がどのような状況下にあり、また人々はいかなる心的状態で、企業としてどのような注意を払うべきか。あるいは、その国がどのような状況下で、人々がいかなる心的状態にあるときにビジネスチャンスが見出されるのか。こうした問いに対して指針が示される。

なお、本章では中国を代表する商業都市、上海の消費者を対象にデータを収集し、分析した結果を考察する。上海の消費者に注目した理由は、他の都市と比べて対日感情が良好であることや（石井，2006）、大都市ゆえに様々な外国製品に触れる機会に恵まれるからである。つまり、上海の消費者を対象とすることで、ネガティブな対日カントリー・バイアスだけでは説明できない、現代の中国人消費者の行動について何かヒントが得られることが期待できる。次節では、各カントリー・バイアスに近接する概念を複数取り上げ、それらの関係性を探っていく。

## 2　カントリー・バイアスと近接概念間の関係性

### 消費者のアフィニティとエスノセントリズム

カントリー・バイアスはポジティブなものとネガティブなものとに分類されるが、消費者のアフィニティとエスノセントリズムは、前者はポジティブな、後者はネガティブなカント

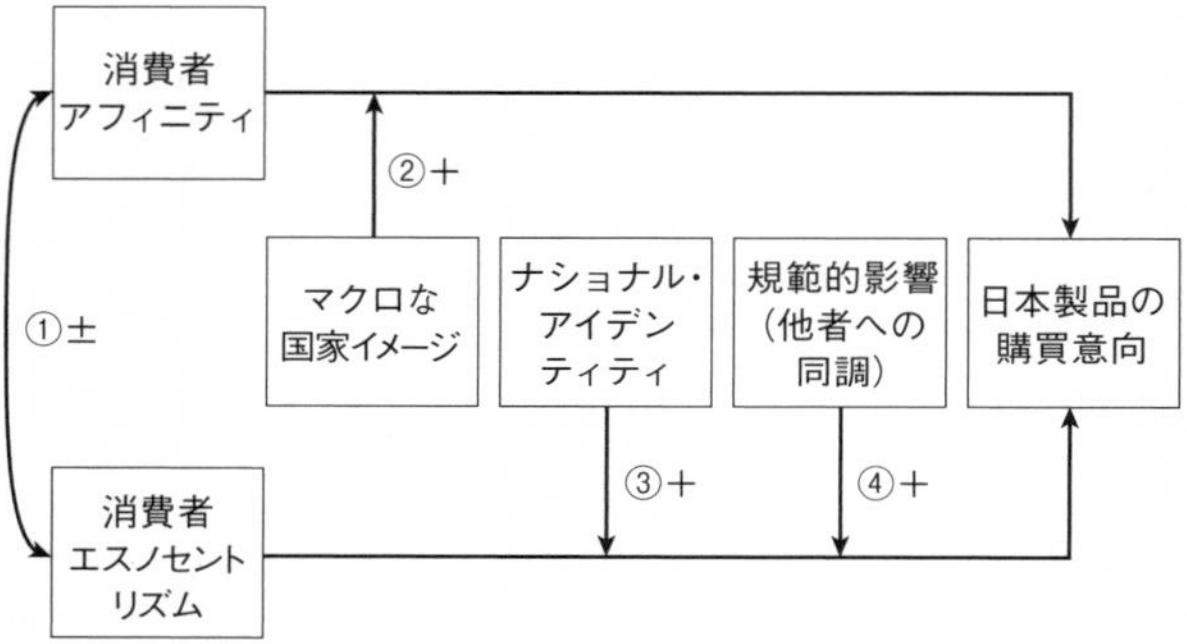


**図6　相反するカントリー・バイアスの意思決定モデル**

（注）　±は無相関、＋は相乗効果を示している。

リー・バイアスを代表する概念であり、特にエスノセントリズムに関する研究では多くの知見が積み上げられてきた。

しかしながら、この二つの相反するカントリー・バイアスの関係性はあまり検証されておらず、オベレッカーらによる研究を除くと個別に研究されてきた。そこで、消費者のアフィニティとエスノセントリズムとの関係性を検証してみる。

検証にあたって、まずオベレッカーらが二〇〇八年に提示した以下の命題を考えてみたい。それは、「たとえエスノセントリズム的傾向があっても、その国にアフィニティを感じていれば、その国からの製品に関心を示すかもしれない」というものである（Oberecker et al., 2008）。

この命題で想定されるのは、自国製品を保護すべく外国製品一般を買い控える一方、アフィニティ国からの製品には好意や愛着が感じられるゆえ、それらに関心を抱く消費者像である。

オベレッカーらによる後続の研究では、消費者のアフィニティはエスノセントリズムとは独立した形でアフィニティ国製品に対する警戒感を低め、購買意向を高めることが示されている。したがって、アフィニティの高い人はエスノセントリズムが低く、逆も然りといった負の相関に加え、その両方が高い、あるいは低いといった状態も考え得る。つまり、両者は互いに独立した関係にあり、共存もあると推測される（図６：①）。

## 消費者アフィニティとマクロな国家イメージ

消費者アフィニティにプラスの相乗効果をもたらす要因として、ここではマクロな国家イメージを取り上げてみたい。マクロな国家イメージとは、ある国の経済、科学技術、生活、福利厚生、民主主義の水準に対するイメージを指す（Pappu et al., 2007)。端的にいえば、その国の先進度合いを認知的なイメージで捉える概念であり、ある国への感情的なイメージである消費者アフィニティとは対照的な概念である。

ウィーン大学のファビアン・バーツらは、ポジティブなカントリー・バイアスがマクロな国家イメージを増幅する可能性を示唆した（Bartsch et al., 2016. ただし、その後の検証はみられない）。

さらに、オベレッカーとディアマントポウロスは、消費者アフィニティが高まるほどマクロな国家イメージも高まることを示した（Oberecker and Diamantopoulos, 2011. ただし、相乗効果の有無には触ていない）。

ミシガン大学のロバート・ザイアンスによれば、認知と感情は別物であり、かつ影響し合うものであり、場合によっては同時に喚起されるという（Zajonc, 1980）。例えば、うれしいという感情の背後には、褒められたという認知が潜んでいる。このように、感情と認知は同時に処理されることもあり、ザイアンスの指摘は直感的にも理解できるものである。

以上から、消費者アフィニティが製品の購買意向や評価に及ぼす影響は、マクロな国家イメージによって増幅されるだろう（図6：②）。

## 消費者エスノセントリズムとナショナル・アイデンティティ

ナショナル・アイデンティティとは、自国への帰属や結びつきを大切にし（Blank & Schmidt, 2003）、自国民であることを強く意識することで生じる心的状態であり（Verkuyten, 2001）、個人特性の一つに捉えられる。たとえば、日本人であることに喜びや意義を感じたり、日本との結びつきを強く意識したりする人は、ナショナル・アイデンティティの高い人だといえる。

リール・カトリック大学のソークナー・ロスらによれば、消費者エスノセントリズムが外国に対する優越感により生じる一方、ナショナル・アイデンティティは母国に対する個人的な帰属感情によって生じるといった違いがあるという（Zeugner-Roth et al., 2015）。ロスらの検証では、ナショナル・アイデンティティが国内製品の評価にプラスに働く一方、消費者エスノセントリズムと相関はみられず（無相関）、これらは異なる概念として捉えられるという。

筆者による検証でも、ナショナル・アイデンティティと消費者エスノセントリズムとの間に相関はみられなかった。とはいえ、こうした結果はナショナル・アイデンティティと消費者エスノセントリズムとの間に相乗効果ないし相殺効果が生じない論拠にならない。

社会的アイデンティティ理論に鑑みると（本間，2011）、消費者エスノセントリズムが高くなるほど自国と外国との境界線が明瞭になるため、ナショナル・アイデンティティが顕在化しやすくなる。例えば、ある中国人でエスノセントリズム的傾向を有する人の場合、外国をより意識するようになり、結果として中国に対する帰属意識が高まるだろう。

すなわち、エスノセントリズム的でナショナル・アイデンティティを強く意識する人の場合、それらは相まって国内製品により高い評価を下し、相対的に外国製品を低く見積もるようになるだろう（図6：③）。

## 消費者エスノセントリズムと規範的影響（他者への同調）

サウス・カロライナ大学のウィリアム・ビアーデンらによれば、規範的影響とは「モノの所有や使用によって、自らにとって重要な他者に自分のイメージを近づけようとする欲求および他者を観察したり、他者からの情報を収集したりすることで、購買意思決定を下す際に、他者からの期待に応えようとする意思」と定義される（Bearden et al., 1989）。

つまり、端的にいえば第三者への同調傾向を概念化したのが規範的影響であり、それは「誰かのようになりたい場合、その人と同じブランドを買うことが多い」、「何かを買うときは、友人や家族が認めてくれそうなものを買うようにしている」といった項目で測定される（Alden et al., 2006）。

規範的影響に脆弱な消費者は自分の持ち物に対し、自らにとって重要な他者、例えば友人や家族がどのような評価を下すか気になるものと思われる。規範的影響を本章のコンテキストに当てはめて考えてみると次のようになる。

例えば、ある訪日中国人がお土産を選択する場合、規範的影響に脆弱であれば友人や家族による評価が気になり、その購入に慎重になるだろう。特に、家電や化粧品など、中国製品と競合するカテゴリーから選択する場合、友人や家族からの反応を想像し、期待に応える形でお土産を購入すると思われる。

加えて、ミシガン大学のラジーブ・バトラらの研究によると（Batra et al., 2001）、国内製品よりも国外製品の方が馴染みが薄いため判断が難しく、規範的影響が購買意思決定に及ぼす影響はより大きくなるだろう。

先行研究では規範的影響と消費者エスノセントリズムとの関係性は検討されていない。しかしながら、規範的影響は消費者エスノセントリズムの先行要因の一つであり（Lee et al., 2014; 李, 2016）、これらは相まって国外製品に低い評価を下す要因になるだろう（図6：④）。

## 3　カントリー・バイアスの多層性に迫る——中国・上海での調査

### 日本製品をめぐる中国市場でのアフィニティとエスノセントリズム

ここでは、図6で示した関係性を検証し、考察していく。中国は日本との歴史的な経緯から反日感情が根強く、日本製品へのボイコット運動が度々生じている（小野寺, 2017）。しかしながら、ウィーン大学のペトラ・リーフラーらによれば、地方に比べて都市部の消費者はグローバルな社会がより身近に感じられることから、外国に対し寛容な人が多くなるという（Riefler et al., 2012）。そこで、中国最大の都市である上海に焦点を当て、二〇六名分のデータを分析した結果、次のような発見があった。

まず、消費者のアフィニティとエスノセントリズムとの関係性について、散布図を描いてみたところ、データの散らばり具合に規則性はなく、相関はみられなかった。つまり、両概念は対極をなすのではなく、一方が高くなれば一方が低くなる、またその逆も然りといった関係性にはなかった。つまり、消費者のアフィニティとエスノセントリズムは一人の消費者の中で別々に働いていたのである。

次に、マクロな国家イメージと消費者アフィニティとの関係について、日本に対するマクロな国家イメージが悪い場合、消費者アフィニティが高くなるほど日本製品に対する購買意向は高まっていたが、マクロな国家イメージが良いときは消費者アフィニティが高くなっても購買意向は変化しなかった。つまり、想定とは逆の結果になったといえる。

しかしながら、対日マクロな国家イメージが悪い場合、消費者アフィニティを高めることが日本製品への評価を高めるカギになることが示されたともいえる。対日アフィニティを高めるには、日本との個人的かつ感情的な結びつきを強める取り組みが必要である。そのため、インバウンド・ビジネスによる日本文化の浸透、海外への留学や駐在を通して日本に対する理解を深めていくことが重要になる。

加えて、マンガやアニメ、映画といったコンテンツ輸出の促進も、対日アフィニティの醸成に有効な手段となる。近年では、動画配信サービスの世界的な普及によって、コンテンツ輸出は追い風を受けており、ポケモンやスーパーマリオ、ゴジラといった有力コンテンツを多数有する日本にとって、外国人との感情的な結びつきを深めることは容易になってきている。

## 中国市場におけるナショナル・アイデンティティと消費者エスノセントリズム

続いて、ナショナル・アイデンティティと消費者エスノセントリズムとの関係性についてみると、これらは相まって日本製品の購買意向をより低く導いていた。つまり、上海での調査結果によると、貿易摩擦や経済的地位の低下など、国内の経済状況が悪く、かつ愛国主義的な状況下で日本製品を売り込んでも効果は薄いことが示唆された(表4)。

ただし、本調査では日本製品一般への購買意向を尋ねており、具体的な製品カテゴリーは示していない。よって、実用性よりも娯楽性の高い製品・サービスであればナショナル・アイデンティティと消費者エスノセントリズムが引き起こす負の相乗効果が働かないかもしれない。

**表４　上海での消費者調査の結果**

| モデル | 仮説 | 結果 | 示唆 |
|---|---|---|---|
| ① | 消費者のアフィニティとエスノセントリズムは互いに独立した関係にあり、共存もあり得る。 | 支持 | 消費者のアフィニティとエスノセントリズムとの間に相関はなく、一人の消費者の中で別々に働いていた。 |
| ② | 消費者アフィニティが外国製品の評価に及ぼす影響は、マクロな国家イメージによって増幅される。 | 不支持 | 日本に対するマクロな国家イメージが悪い場合、消費者アフィニティを高めることが日本製品への評価を高めるカギになる一方、対日マクロな国家イメージが良いときは消費者アフィニティが高くなっても日本製品への評価は変わらない。 |
| ③ | エスノセントリズム的でナショナル・アイデンティティを強く意識する人の場合、それらは相まって国内製品により高い評価を下し、相対的に外国製品を低く見積もる。 | 支持 | 貿易摩擦や経済的地位の低下など、国内の経済状況が悪く、かつ愛国主義的な状況下で日本製品を売り込んでも効果は薄い。ただし、この傾向は娯楽性が高く、実店舗を持たない製品・サービスには当てはまらない可能性がある（つまり、ここに商機が見出せる）。 |
| ④ | 規範的影響（他者への同調）と消費者エスノセントリズムは相まって国外製品に低い評価を下す。 | 不支持 | 日本製品に向けられたポジティブな同調の輪によって、消費者エスノセントリズムのもたらすネガティブな効果は相殺される。 |

というのも、日本は嫌いでも日本のアニメやゲームが好きという人は多く、こうした娯楽性の高い製品・サービスに商機が見出せる可能性は十分にあるからである。一方でフードサービスやアパレルなど、実店舗で海外展開している企業は、反日ボイコット運動を回避すべく消費者エスノセントリズムに負の相乗効果をもたらすナショナ

ル・アイデンティティの動向により注視されたい。

最後に、規範的影響と消費者エスノセントリズムとの関係性について、想定とは逆の結果が得られた。つまり、規範的影響は消費者エスノセントリズムのもたらす負の効果をむしろ相殺していたのである。

日本の製品・サービスが広く浸透している上海では、家族や友人による日本製品の評価は決して低くなく、よってその評価に同調する形で消費者エスノセントリズムの効果を打ち消してしまっているのではないだろうか。しかしながら、日本製品に向けられたポジティブな「同調の輪」は短期間に築かれたものではなく、日本製品への長年の信頼により築かれたものであることに留意したい。

本章では日本製品を対象に調査を行ったが、近年の日本食に対する人気の高まりや定着に鑑みると、オーセンティックな和食の浸透は日本食に対するポジティブな同調の輪を広げてくれる起爆剤になるかもしれない。二〇二五年には大手エンターテインメント企業のラウンドワンが客単価五〇〇ドルを超える高級和食に特化した専門店街を運営するという（日本経済新聞，2023）。こうした前向きなニュースに今後も注視していく必要がある。

## 4　上海での調査を終えて

第7章では消費者のアフィニティとエスノセントリズムとの関係性、各カントリー・バイアスに相乗効果をもたらす要因について議論してきた。その結果、消費者のアフィニティとエスノセントリズムは無相関であり、相反するカントリー・バイアスが一人の消費者の中で個別に働く傾向が示唆された。

さらに、対日マクロな国家イメージが悪い場合にのみ、消費者アフィニティが高くなるほど日本製品に対する評価が高くなるなど、想定とはやや異なる相乗効果がみられた。また、消費者エスノセントリズムと規範的影響とは、相乗ではなく相殺し合う関係性にあるなど、興味深い発見も得られている。こうした結果から、机上のシミュレーションだけでなく、実際にデータを収集し、検証することの重要性が示唆される。

特に、異文化圏の人を対象に調査する場合、歴史や文化、社会状況の違いから、理論的な推論に頼った予測に終始すると経営判断を誤る可能性が高い。

本研究では、先行研究の知見をもとに推論を行ったが、その多くは西洋人を対象とした研究結果であることに留意されたい。つまり、その結果が東洋人を対象とした調査で再現される保証はないのである。

ただし、西洋人を対象とした結果が不要というわけではない。本調査のように想定とは異なる結果が得られても、なぜこうした結果になったのか考えることが新しい発見につながるからである。

研究者は過去の文献を紐解きつつ、結果の解釈に思いを巡らすことが多いが、実体験も大いに参考となる。本書のコラムで紹介しているように、筆者は研究や社会発信の種として実体験から得られた示唆を活かしている。

第7章では上海の消費者を対象に調査を進めたが、日本との関わりが深い米韓の消費者をターゲットに同様の調査を行い、どのような類似点や相違点がみられるか検証してみても面白いだろう。

一般的に、国内と比べて国外での調査は費用が嵩むことが多い。本研究では研究助成から費用を捻出できたが、調査先に友人がいれば、その人に協力してもらうのも一考である。いずれにせよ、研究すればするほど未知の領域は広がるばかりである。

## 【コラム】　働くことと学ぶことは同じ

「働くことと、学ぶことは同じ。後ろめたさなど感じる必要はない。自信を持って学ぼう」。この一言は筆者が博士課程で学んでいた際に、友人からかけられた言葉である。

日本の大学の理系学部では修士課程まで進学することが一般的である。というのも、修士課程で学んだことが実務に直結しやすく、就職先にとっても、入社前のオン・ザ・ジョブトレーニングとしてその学びは高く評価される。理系であれば、博士課程への進学も就職にネガティブに働くことは少なく、むしろ入社後に基礎的な研究をしたいと考えている人には有力な選択肢の一つになるだろう。

他方、人文社会科学系を始めとした文系学部では、修士課程に進学する人は稀であり、就職先にも特に評価されないという通説がある。現在はジョブ型採用が増えてきたことや、リスキリング（学び直し）の重要性が認知されることで、文系大学院への進学も以前よりは社会的に許容されやすくなってきている。

しかしながら、実務に直結しにくい（と考えられている）文系大学院での学びは、単なる「お勉強」の期間として就職に有利になることはあまりない。対照的に、日本以外の国々では文系大学院での学位取得が理系大学院と同様に就職先で高く評価されるため、時間とお金が許せば進学するのが一般的である。博士課程まで進学すると、海外でも専攻によっては就職に有利に働かない場合もあるが、少なくとも日本のように博士課程での学びが単なる「お勉強」とみなされるという例は聞いたことがない。

日本では「働かざるもの食うべからず」という諺にみられるように、「仕事」をしていることが高く評価される一方、「学び」は低く評価されがちな風土がある。たしかに「学び」の期間中は「収入は少なく出費が多い」が、「楽しいからもっと学んでみたい」というのはそれほど許容しがたいものなのだろうか。

大学院教育では、論理的な思考力や調査研究の作法が修得できることから、結果として業界や職種を問わない「生産的な」人の育成に役立つものと思われる。世間的に「生産的」と捉えられることが想像される統計的検定や因果推論、インタビュー調査といったスキルは、文系大学院でも専門家の指導のもと、しっかりと学ぶことができる。結果として、就職後も大いに役立つスキルが身に着けられるだろう。

社会の在り方を一変させるイノベーションは何に役立つか分からない好奇心から生まれることも多い。大学院での学びは「贅沢」とみる向きもあるかもしれないが、向学心にあふれる人を優しく見守ることも、社会に求められる度量ではないだろうか。

# エピローグ　本書を通して伝えたいこと

## 多文化社会に対する洞察力を高める

本書では一貫してカントリー・バイアスのもたらす意思決定や行動の変化について扱ってきた。とりわけ、世界的にもまだ黎明期にあるポジティブなカントリー・バイアスについて、理論整理や実証研究をふんだんに盛り込み、解説してきた。

エピローグでは本書の内容を振り返りつつ、筆者がカントリー・バイアス研究を通して大切にしてきたこと、すなわち多文化社会に対する洞察力を高めることの重要性について述べてみたい。というのも、多文化社会を捉えるにはリアリティのある問題意識と理論的視点、そして解決に向けた実践（研究者にとっては実験）が何より重要だからである。

筆者は学術的な理論や概念に加えて、実社会に対する観察眼を大切にしてきた。というのも、実社会の中にこそ今後の研究の種となる問題意識が潜んでいるからである。

本書では、筆者がロンドン在住時に目にした多文化社会の実態、そして福岡市の箱崎駅周辺で目にした、日本における多文化社会の萌芽をきっかけに、文献整理やインタビュー調査、実験や旅を通して紐解いた発見を紹介してきた。

最近は母校の早稲田大学に立ち寄る度に、筆者が学生時代を過ごした二〇〇〇年代とは全く異なるレベルで、キャンパス周辺にエキゾチックな雰囲気が漂っていることに驚かされる。もともと早稲田界隈には中華や韓国を始めとしたアジア料理店は多かったが、本場の味わいが愉しめる「ガチ」なお店が増えており、大学周辺は日本というよりアジアの中の日本といった雰囲気に包まれている。

こうした風景を眺めるにつれ、カントリー・バイアスが学術上の概念ではなく、いまそこにある社会を読み解くリアルな視点として、近年その有用性の高まりを頓《とみ》に感じている。

他方で学生と対話していると、いまはインターネットで多くを「知る」ことができるから、海外旅行や留学は必要ないとの意見が出てくる場面に出くわすことがある。しかしながら筆者は、「百聞は一見に如かず」であると考えており、実際に現地に赴くことで「知る」だけでなく「理解」も促進されると考えている。

それにはいくつかの理由がある。まず、テレビやインターネットなどのメディアで知った情報を現地で身をもって体験することで、それが強く印象に残るためである。メディアからの情報は視聴覚に制限される一方、現地の体験ではこれに触覚、嗅覚、味覚も加わるため、対象をより高い解像度で理解することが可能になる。

また、現地に赴くことでそこに暮らす人々の雰囲気や文化、考え方に触れる機会に恵まれる。こうした機会を通して日本人とは何か、世界から日本はどのように映っているのかといった、自らのアイデンティティについて考えを巡らすようになるだろう。異文化を理解するには、まず自分自身を理解する必要があるからだ。

本書では海外生活の長期化にともない、日本人としてのアイデンティティが刺激され、ナショナル・アイデンティティの再考（海外に長期滞在している際、何らかの機会を通して改めて母国を再評価すること）が生じることを示した。つまり、世界を旅することで自らのアイデンティティをより客観的に把握する機会が得られるのである。

さらに、メディアの世界は自らが心地よいと感じる情報にばかり接触するよう設計されており、情報とのランダムな出合いが制限される傾向にある。つまり、自らの枠を超える情報には到達しづらく、メディアの世界に籠っていては、どうしても視野が狭くならざるを得なくなる。

他方で、コラム「訪日観光を通して海外でのプレゼンスを高める」で紹介した話は、店主との偶然の出会いによって書かれたものであるが、こうした記述は当然ながらオリジナリティが高く、情報としての価値や解像度も高い。筆者は世界中を旅しつつ、そこでの出合いを自らの視点で読み解くことで研究の問いを発見し、文献整理や各種調査を通してその問いに答えてきた。

## 自分の中の「検索ワード」の幅を広げる

社会学者の東浩紀氏は著書『弱いつながり――検索ワードを探す旅』（幻冬舎、二〇一四年）において、旅を通して検索ワードの幅が広がり、より豊かな教養が身に付くと主張している。なお、ここでの「検索ワード」とは単に「検索すること」を目的としたワードではなく、「自らの教養を高める」キーワードと捉えるとよいだろう。

たしかに現在は、情報技術の高度化により検索ワードや質問を入力すれば、真偽のほどは別として何らかの回答を得ることができる。しかしながら、検索エンジンを使うにしても、生成ＡＩに質問するにしても、入力される語句や質問に幅や深さが足りなければ、得られる情報は平均的で代わり映えのないものになってしまう。

加えて、「検索ワード」の幅を広げ、教養を豊かにするには、未知の情報を「知りたい」

という強い知的好奇心が求められる。本書では、知的好奇心が消費者コスモポリタニズムを高めるパーソナリティの一つであることを示した。

パーソナリティというと、生得的な特性というイメージがあるが、筆者は後天的に形成されるパーソナリティもあると考えている。というのも、筆者自身は大学卒業後に初めて留学という形で外国に長期滞在したのであり、決して幼い頃から海外経験が豊富だったわけではない。

むしろ留学を通して外国や異文化に対し知的好奇心が喚起され、結果としてコスモポリタン的なアイデンティティに目覚め、現在に至っている。海外に長期滞在するのに遅すぎることはなく、時間的な余裕があれば旅や留学に出かけるというスタンスでも十分に効果的だと考えている。

## 多文化社会において求められるもの

これまで多文化社会に対する洞察力を高めることの意義について述べてきたが、これはアカデミックな世界にのみ活きる能力というわけではない。実務の世界においても同等あるいはそれ以上に重要な能力として、今後より評価されるようになるだろう。

例えば、消費者アフィニティが外国文化との間接的な接触によっても醸成されることを踏まえると、消費者アフィニティを高めるには、テレビドラマや音楽、電化製品や消費財といったモノやサービスを効果的に外国人に届ける、つまり彼らのニーズをつかみ取る感性と、それを効果的に伝えるロジックが求められることになる。

ここで活かされるのが多文化社会に対する洞察力であり、それを鍛えるには留学が最も適した手段だと考えている。しかしながら筆者は、他のアジア人と比べて日本人の留学者数が決して多くない点を懸念している。例えば、人口比で換算すると台湾や韓国からの留学生数は日本の五倍から一〇倍になる。しかも、こうした留学生の多くが修士号や博士号といった学位取得を目指しており、厳しい状況のなかで学業に打ち込んでいる。

他方で各種研究機関や大学を除くと、日本では海外で得た大学院レベルの学位はあまり評価されず、取得へ向けた努力とは裏腹に報いは少ない。結果として、外国人のニーズを汲み取る感性がどうしても育たず、グローバルビジネスでは劣勢に立たされるものと想像される。対照的に日本で学ぶ外国人は、日本人に対する理解が深く、ニーズをうまく汲み取れることから、日本人とのビジネスを有利に進められるだろう。

たしかに、大学院留学は金銭的にも、時間的にもコストが嵩むものである。しかし、日本の大学で学ぶ院生の多くは外国人であり、日本の大学院に進学することでも疑似的な留学経験ができる。もちろん、本当に留学するほどの経験はできないが、これも一つの選択肢として検討する価値は十分にあるだろう。

幸い、日本の文化的コンテンツは世界的に競争力があり、メディアやSNS、ビデオゲームなどを通して対日アフィニティの向上に大きく寄与している。対日アフィニティが高まれば、インバウンド客として日本を訪れる外国人も増えるだろうし、旅行経験に満足すれば帰国後も日本の製品やサービスを利用し続けてくれるだろう。

こうした流れを一過性のものとしないためにも、多文化社会に対するリアリティのある問題意識と理論的視点、そして解決へ向けた実践（研究者にとっては実験）をループさせ、この国がより豊かで文化的なものとなるよう、取り組んでいきたい。

失われた（失った）三〇年と呼ばれる長期停滞を嘆くよりも、外国人の中で着実に芽生えつつあるポジティブなカントリー・バイアスに注目し、ビジネスをグローバルかつ友好的に拡大していく方が、個人としても社会としても実りあるスタンスになるものと確信している。

## 【コラム】　同時通訳ソフトが普及する中、英語力は必要か

近年、同時通訳ソフトの普及によって、外国人とのコミュニケーションが年々スムースに行えるようになってきている。ちょっとした会話であれば、携帯用の同時通訳ソフトを使うことで外国人とそれほど遅滞なくコミュニケーションすることができる。こうした背景から、英語を学ぶモチベーションが低くなったり、そもそも英語を学ぶこと自体必要性が乏しいと考える人も多くなってくるかもしれない。

特に、会議といったハイレベルな対話が求められる場では、カタコトの英語で議論するよりも、積極的に同時通訳ソフトを導入した方が齟齬なくコミュニケーションできるため、業務の効率化に有効と思われる。

しかしながら筆者は、どんなにソフトの精度が高くても、英語でコミュニケーションする機

会を避けない方が良いと考えている。というのも、例えば国外の現地法人に駐在したり、出張したりする場合、その国の市場をより良く理解するには、英語ができた方が生きた情報を収集しやすいからである。

可能であれば、英語だけでなく、現地の言葉も多少なりとも話せた方が打ち解けやすいし、色々とオフレコな情報を教えてもらえる機会も増えるだろう。こうしたオフレコな情報や、くだけた人間関係を築けるかどうかが、ライバル企業と差をつけるポイントになってくるものと思われる。

もしあなたが米国人だとして日本に出張する場合、日本人が同時通訳ソフトなしにコミュニケーションを取れないとすれば、その人と食事に行ったり、カフェなどで雑談したりするだろうか。おそらくコミュニケーションが面倒になり、日本市場を顧客や消費者の目線で理解しないまま帰国することになるだろう。

本書のコラムを執筆するにあたっても、筆者が現地の人々や留学生から入手した情報をふんだん盛り込むことで、リアリティがありかつオリジナリティの高い考察が可能となった。したがって、今後どれほど同時通訳ソフトが普及したとしても、英語を学び実践で活かすことの重要性は少しも低くならないものと確信している。

# あとがき

本書は早稲田大学出版部とのご縁から依頼を賜り書かれたものである。出版不況にあえぐ昨今、こうして新書の出版機会をいただけたことは望外の喜びであり、その期待に応えられるよう筆者はコツコツと執筆に取り組んできた。その過程において、早稲田大学出版部の武田文彦様を始め、須賀晃一社長（早稲田大学副総長）には大変お世話になった。ここに厚くお礼申し上げたい。

さらに、石井隆太先生、今井まりな先生、菊盛真衣先生、木下明浩先生、金昌柱先生、齋藤雅通先生、苗苗先生、日高優一郎先生（いずれも立命館大学）には、マーケティング分野の同僚として多方面でお世話になっている。

加えて、アイザック・チャー先生（カーティン大学）、アレクサンダー・ジョシアッセン先生（コペンハーゲン・ビジネススクール）、李炅泰先生（中央大学）、池上重輔先生（早稲田大学）、石井裕明先生（早稲田大学）、磯田友里子先生（大阪公立大学）、井上敦子先生（成蹊大学）、井上葉子先生（日本大学）、大平進先生（日本大学）、クリストファー・パーキンス先生（エディンバラ大学）、地頭所里紗先生（龍谷大学）、武谷慧悟先生（駒澤大学）、芳賀英明先生（國學院大学）、馬場一先生（関西大学）、古川裕康先生（明治大学）、八木京子先生（東洋大学）といった、これまであるいは現在進行形で研究上の関わりの深い先生方からは僭越ながらいつも刺激をいただいている。

本書の内容と関連して、実際に学会やその他研究会、講演などを通して意見交換した方としては、阿部周造先生（横浜国立大学名誉教授）、阿部誠先生（東京大学）、井出野尚先生（東京理科大学）、上元亘先生（京都産業大学）、臼井哲也先生（学習院大学）、圓丸哲麻先生（大阪公立大学）、佐藤明様（バリュークリエイト）、鈴木智子先生（一橋大学）、須永努先生（早稲田大学）、髙橋郁夫先生（慶應義塾大学名誉教授）、竹村和久先生（早稲田大学）、津村将章先生（神奈川大学）、外川拓先生（上智大学）、戸部涉理事長（公益財団法人戸部眞紀財団）、中川宏道先生（名城大学）、西井真祐子先生（青山学院大学）、朴正洙先生（駒澤大学）、朴宰佑先生（中央大学）、羽藤雅彦先生（関西大学）、林尚志先生（南山大学）、平木いくみ先生（東京国際

大学）、藤澤武史先生（関西学院大学）、馬越恵美子先生（桜美林大学名誉教授）、松井剛先生（一橋大学）、水越康介先生（東京都立大学）、三井雄一先生（西南学院大学）、三富悠紀先生（高崎経済大学）、安室憲一先生（兵庫県立大学名誉教授）、山内裕先生（京都大学）、山本哲三先生（早稲田大学名誉教授）、依田祐一先生（立命館大学）が挙げられる。ここにお礼申し上げたい。

最後に、本書を出すきっかけとなった博士学位論文の執筆では、早稲田大学の恩藏直人先生を始め太田正孝先生（故人）、守口剛先生、中央大学の三浦俊彦先生より、温かくも厳しいご指導をいただいた。ここに深謝申し上げる。

二〇二四年五月

寺﨑　新一郎

# 索　引

## あ行



## か行



## さ行

### た行



### な行



### は行



### ま行



### ら行

# 参考文献

## プロローグ


Cannon, H. M., Yoon, S-J., McGowan, L. & Yaprak, A. (1994). In search of the global consumer. Papar presented to the 1994 Annual Conference of the Academy of International Business.

Higgins, E. T. (1997). Beyond pleasure and pain. *American Psychologist*, 52(12), 1280–1300.

池上重輔（2021）「『持続可能な観光立国日本』とインバウンド・アウトバウンド・ループ（IOL）」池上重輔監修／早稲田大学インバウンド・ビジネス戦略研究会著（2021）『インバウンド・ルネッサンス——日本再生』日本経済新聞出版社.

Jaffe, E. D. & Nebenzahl, I. D. (2006). *National Image & Competitive Advantage: The Theory and Practice of Place Branding* 2nd edition, Copenhagen Business School Press.

Kim, C., Yan, X., Kim, J., Terasaki, S. & Furukawa, H. (2022). Effect of consumer animosity on boycott campaigns in a cross-cultural context: Does consumer affinity matter? *Journal of Retailing and Consumer Services*, 69, 103123.

Klein, J. G., Ettenson, R. & Morris, M. D. (1998). The animosity model of foreign product purchase: An empirical test in the People's Republic of China. *Journal of Marketing*, 62(1), 89–100.

Oberecker, E. M. & Diamantopoulos, A. (2011). Consumers'emotional bonds with foreign countries: Does consumer affinity affect behavioral intentions? *Journal of International Marketing*, 19(2), 45–72.

Oberecker, E. M., Riefler, P. & Diamantopoulos, A. (2008). The consumer affinity construct: Conceptualization, qualitative investigation, and research agenda. *Journal of International Marketing*, 16(3), 23–56.

Riefler, P., Diamantopoulos, A. & Siguaw, J. A. (2012). Cosmopolitan consumers as a target group for segmentation. *Journal of International Business Studies*, 43, 285–305.

Shimp, T. A. & Sharma, S. (1987). Consumer ethnocentrism:

Construction and validation of the CETSCALE. *Journal of Marketing Research*, 24(3), 280–289.

Terasaki, S., Ishii, H. & Isoda, Y. (2022). Influence of consumer affinity toward foreign countries on consumers' regulatory focuses. *Journal of International Consumer Marketing*, 34(3), 346–356.

Trope, Y. & Liberman, N. (2003). Temporal construal. *Psychological Review*, 110(3), 403–421.

## 第1章

Asseraf, Y. & Shoham, A. (2016). The "tug of war" model of foreign product purchases. *European Journal of Marketing*, 50(3/4), 550–574.

Cannon, H. M., Yoon, S-J., McGowan, L. & Yaprak, A. (1994). In search of the global consumer. Papar presented to the 1994 Annual Conference of the Academy of International Business.

Grinstein, A. & Riefler, P. (2015). Citizens of the (green) world? Cosmopolitan orientation and sustainability. *Journal of International Business Studies*, 46, 694–714.

Jaffe, E. D. & Nebenzahl, I. D. (2006). *National Image & Competitive Advantage: The Theory and Practice of Place Branding* 2nd edition, Copenhagen Business School Press.

Kock, F., Josiassen, A. & Assaf, A. G. (2019). Toward a universal account of country-induced predispositions: Integratiue framework and measurement of country-of-origin images and country emotions. *Joumal of International Marketing*, 27(3), 43–59.

Nes, E. B., Yelkur, R. & Silkoset, R. (2014). Consumer affinity for foreign countries: Construct development, buying behavior consequences and animosity contrasts. *International Business Review*, 23(4), 774–784.

Oberecker, E. M. & Diamantopoulos, A. (2011). Consumers'emotional bonds with foreign countries: does consumer affinity affect behavioral intentions? *Journal of International Marketing*, 19(2), 45–72.

Oberecker, E. M., Riefler, P. & Diamantopoulos, A. (2008). The consumer affinity construct: Conceptualization, qualitative investigation, and research agenda. *Journal of International Marketing*, 16(3), 23–56.

Papadopoulos, N., Banna, A. E. & Murphy, S. A. (2017). Old country passions: An international examination of country image, animosity,

and affinity among ethnic consumers. *Journal of International Marketing*, 25(3), 61–82.

Riefler, P., Diamantopoulos, A. & Siguaw, J. A. (2012). Cosmopolitan consumers as a target group for segmentation. *Journal of International Business Studies*, 43, 285–305.

Smith, C. A. & Ellsworth, P. C. (1985). Patterns of cognitive appraisal in emotion. *Journal of Personality and Social Psychology*, 48(4), 813–838.

Tajfel, H. (1974). Social identity and intergroup behaviour. *Social Science Information*, 13(2), 65–93.

Terasaki, S. (2016). Cosmopolitan consumers: Research overview and research opportunities. *Journal of International Business Research*, 15 (1), 32–45.

寺﨑新一郎（2019）「ツーリズムを考察する視点」池上重輔監修・早稲田インバウンド・ビジネス戦略研究会『インバウンド・ビジネス戦略』日本経済新聞出版社.

Terasaki, S., Hara, T. & Ikegami, J. (2023). Mediating role of the country image in enhancing memorable experiences and revisits: an Analysis of US tourists in Japan. *Tourism Recreation Research*, 1–13. Doi: 10. 1080/02508281. 2023. 2185733

Terasaki, S., Ishii, H. & Isoda, Y. (2022). Influence of consumer affinity toward foreign countries on consumers'regulatory focuses. *Journal of International Consumer Marketing*, 34(3), 346–356.

Wongtada, N., Rice, G. & Bandyopadhyay, S. K. (2012). Developing and validating affinity: A new scale to measure consumer affinity toward foreign countries. *Journal of International Consumer Marketing*, 24 (3), 147–167.

Zeugner-Roth, K. P., Žabkar, V. & Diamantopoulos, A. (2015). Consumer ethnocentrism, national identity, and consumer cosmopolitanism as drivers of consumer behavior: A social identity theory perspective. *Journal of International Marketing*, 23(2), 25–54.

## 第2章

Fazli-Salehi, R., Torres, I. M., Madadi, R. & Zúniga, M. A. (2021). Is country affinity applicable for domestic brands? The role of nation sentiment on consumers' self-brand connection with domestic vs

foreign brands. *Asia Pacific Journal of Marketing and Logistics*, 33(3), 731-754.

Fernández-Ferrín, P., Bande-Vilela, B., Klein, J. G. & del Río-Araújo, M. L. (2015). Consumer ethnocentrism and consumer animosity: Antecedents and consequences. *International Journal of Emerging Markets*, 10(1), 73-88.

Fong, C. M., Lee, C. L. & Du, Y. (2014). Consumer animosity, country of origin, and foreign entry-mode choice: A cross-country investigation. *Journal of International Marketing*, 22(1), 62-76.

李炅泰（2011）「アニモシティ，マテリアリズム，ギルト――韓国消費者の日本製品評価について」『多国籍企業研究』4, 119-137.

Kim, C., Yan, X., Kim, J., Terasaki, S. & Furukawa, H. (2022). Effect of consumer animosity on boycott campaigns in a cross-cultural context: Does consumer affinity matter? *Journal of Retailing and Consumer Services*, 69, 103123.

Klein, J. G. & Ettenson, R. (1999). Consumer animosity and consumer ethnocentrism: An analysis of unique antecedents. *Journal of International Consumer Marketing*, 11(4), 5-24, 90.

Klein, J. G., Ettenson, R. & Morris, M. D. (1998). The animosity model of foreign product purchase: An empirical test in the People's Republic of China. *Journal of Marketing*, 62(1), 89-100.

Lee, R. & Lee, K. T. (2013). The longitudinal effects of a two-dimensional consumer animosity. *Journal of Consumer Marketing*, 30(3), 273-282.

Li, Y. & He, H. (2013). Evaluation of international brand alliances: Brand order and consumer ethnocentrism. *Journal of Business Research*, 66(1), 89-97.

マクロミル（2022）「台湾における各世代の価値観に影響を与えた経済環境，そして購買行動の変化［台湾編 Vol. 4］」『韓国・台湾の生活者の価値観とライフスタイル』2022年７月29日配信.

日本経済新聞（2019）「愛国消費　中国席巻」2019年12月24日朝刊.

朴正洙（2012）『消費者行動の多国間分析――原産国イメージとブランド戦略』千倉書房.

Shimp, T. A. & Sharma, S. (1987). Consumer ethnocentrism: Construction and validation of the CETSCALE. *Journal of Marketing Research*, 24(3), 280-289.

Taketani, K. & Terasaki, S. (2022). When and why does good service recovery improve consumer affinity?: An empirical study on intercultural service encounters. *International Journal of Marketing & Distribution*, 5(2), 37–55.

寺﨑新一郎（2019）「ツーリズムを考察する視点」池上重輔監修・早稲田インバウンド・ビジネス戦略研究会『インバウンド・ビジネス戦略』日本経済新聞出版社.

Verlegh, P. W. & Steenkamp, J. B. E. (1999). A review and meta-analysis of country-of-origin research. *Journal of Economic Psychology*, 20(5), 521–546.

## 第3章

Cleveland, M., Papadopoulos, N. & Bartikowski, B. (2021). Consumer Dispositions and Product Connections to Places: From Parochialism to Cosmopolitanism and Beyond. In *Marketing Countries, Places, and Place-Associated Brands: Identity and Image* (Chapter 11 (pp. 192–211). Edward Elgar Cheltenham, UK.

ICHIGO (2022). Services. Available from https://ichigo.com/services [2024年1月25日最終アクセス].

Kotler, P. & Keller K. L. (2016), *Marketing Management*, 15th edition, Pearson Education.

Li, Y. & He, H. (2013). Evaluation of international brand alliances: brand order and consumer ethnocentrism. *Journal of Business Research*, 66 (1), 89–97.

Magnusson, P., Westjohn, S. A. & Zdravkovic, S. (2011). "What? I thought Samsung was Japanese": Accurate or not, perceived country of origin matters. *International Marketing Review*, 28(5), 454–472.

松井剛（2019）『アメリカに日本の漫画を輸出する――ポップカルチャーのグローバル・マーケティング』有斐閣.

Obermiller, C. & Spangenberg, E. (1989). Exploring the effects of country of origin labels: An information processing framework. *Advances in Consumer Research*, 16, 454–459.

恩藏直人（1997）「カントリー・オブ・オリジン研究の系譜」『早稲田商学』372, 415–446.

Papadopoulos, N., Banna, A. E. & Murphy, S. A. (2017). Old country

passions: An international examination of country image, animosity, and affinity among ethnic consumers. *Journal of International Marketing*, 25(3), 61-82.

Roth, K. P. & Diamantopoulos, A. (2009). Advancing the country image construct. *Journal of Business Research*, 62(7), 726-740.

Solomon, M. R. (2013). *Consumer Behavior*, 10th edition（松井剛監訳・大竹光寿・北村真琴・鈴木智子・西川英彦・朴宰佑・水越康介訳『ソロモン消費者行動論［ハードカバー版］』丸善出版，2014 年）.

寺﨑新一郎（2019）「カントリー・オブ・オリジン研究の生成とカントリー・バイアス研究への展開」『立命館経営学』58(4), 61-82.

寺﨑新一郎（2024）「国民文化から生じるステレオタイプ研究――カントリー・オブ・オリジンに注目して」馬越恵美子・内田康郎編著『生まれ変わる日本――多様性が活きる社会へ』文眞堂.

Terasaki, S., Hara, T. & Ikegami, J. (2023). Mediating role of the country image in enhancing memorable experiences and revisits: an Analysis of US tourists in Japan. *Tourism Recreation Research*, 1-13. Doi: 10. 1080/02508281. 2023. 2185733

古川裕康（2021）『グローバル・マーケティング論』文眞堂.

読売新聞オンライン（2023）「ICHIGO の近本あゆみが菓子爆買いをヒントに年商40億円を達成するまで」https://www.yomiuri.co.jp/otekomachi/20230801-OYT8T50005/［2024年 1 月25日最終アクセス］.

## 第 4 章

Bourdieu, P. (1984). Distinction: A Social Critique of the Judgement of Taste, Harvard University Press（石井洋二郎訳『ディスタンクシオン I ――社会判断力批判』藤原書店，1990年）.

Cannon, H. M. & Yaprak, A. (2012). Cosmopolitanism as a journey: The construct and dynamics of Change. In Melvin Prince（ed.）*Consumer Cosmopolitanism in the Age of Globalization*, New York: Business Expert Press, 3-28.

Cleveland, M., Erdoğan, S., Arıkan, G. & Poyraz, T. (2011). Cosmopolitanism, individual-level values and cultural-level values: A cross-cultural study. *Journal of Business Research*, 64(9), 934-943.

Cleveland, M., Laroche, M. & Papadopoulos, N. (2009). Cosmopolitanism,

consumer ethnocentrism, and materialism: An eight-country study of antecedents and outcomes. *Journal of International Marketing*, 17(1), 116-146.

Hofstede, G. (1980). Motivation, leadership, and organization: Do American theories apply abroad?. *Organizational Dynamics*, 9(1), 42-63.

Igarashi, H. & Saito, H. (2014). Cosmopolitanism as cultural capital: Exploring the intersection of globalization, education and stratification. *Cultural Sociology*, 8(3), 222-239.

McCracken, G. (1988). *The Long Interview*, Sage Publications（寺﨑新一郎訳『インタビュー調査法の基礎――ロングインタビューの理論と実践』有斐閣，2022年）.

Nijssen, E. J. & Douglas, S. P. (2008). Consumer world-mindedness, social-mindedness, and store image. *Journal of International Marketing*, 16(3), 84-107.

Phillips, T. & Smith, P. (2008). Cosmopolitan beliefs and cosmopolitan practices. *Journal of Sociology*, 44(4), 391-399.

Riefler, P., Diamantopoulos, A. & Siguaw, J. A. (2012). Cosmopolitan consumers as a target group for segmentation. *Journal of International Business Studies*, 43, 285-305.

Robinson, J. P. & Zill, N. (1997). Matters of culture. *American Demographics*, 19, 24-29.

Schwartz, S. H. (1992). Universals in the content and structure of values: Theoretical advances and empirical tests in 20 countries. *Advances in Experimental Social Psychology*, 25(1), 1-65.

Schwartz, S. H. (1999). A theory of cultural values and some implications for work. *Applied Psychology*, 48(1), 23-47.

Strauss, A. & Corbin, J. (1990). *Basics of Qualitative Research*, Newbury Park, CA: SAGE.

## 第5章

Baudrillard, J. (1970). *La Société de Consommation: Ses Mythes, Ses Structures*, Editions Denoël（今村仁司・塚原史訳『消費社会の神話と構造〔新装版〕』紀伊國屋書店，2015年，140-141）.

Byrne, D. & Nelson, D. (1965). Attraction as a linear function of

proportion of positive reinforcements. *Journal of Personality & Social Psychology*, 1(6), 659–663.

Festinger, L. (1954). A theory of social comparison processes. *Human Relations*, 7, 117–140.

Harvey, D. (2009). *Cosmopolitanism and the Geographies of Freedom*, Columbia University Press（大屋定晴訳と解説／森田成也・中村好孝・岩崎明子訳『デヴィッド・ハーヴェイ　コスモポリタニズム――自由と変革の地理学』作品社，2013年）．

Riefler, P., Diamantopoulos, A. & Siguaw, J. A. (2012). Cosmopolitan consumers as a target group for segmentation. *Journal of International Business Studies*, 43, 285–305.

Steenkamp, J-B. E. M., Ter Hofstede, F. & Wedel, M. (1999). A cross-national investigation into the individual and national cultural antecedents of consumer innovativeness. *Journal of Marketing*, 63(2), 55–69.

Zeugner-Roth, K. P., Žabkar, V. & Diamantopoulos, A. (2015). Consumer ethnocentrism, national identity, and consumer cosmopolitanism as drivers of consumer behavior: A social identity theory perspective. *Journal of International Marketing*, 23(2), 25–54.

## 第6章

Cleveland, M., Erdoğan, S., Arıkan, G. & Poyraz, T. (2011). Cosmopolitanism, individual-level values and cultural-level values: A cross-cultural study. *Journal of Business Research*, 64(9), 934–943.

Grau, S. L. & Folse, J. A. G. (2007). Cause-related marketing（CRM）: The influence of donation proximity and message-framing cues on the less-involved consumer. *Journal of Advertising*, 36(4), 19–33.

Grinstein, A. & Riefler, P. (2015). Citizens of the（green）world? Cosmopolitan orientation and sustainability. *Journal of International Business Studies*, 46, 694–714.

李炅泰（2015）「スポンサーシップとコーズ・リレーテッド・マーケティングの効果――スポーツ・アイデンティフィケーションの視点から」『流通研究』17(1), 51–73.

Lee, H., Deng, X., Unnava, H. R. & Fujita, K. (2014). Monochrome forests and colorful trees: The effect of black-and-white versus color imagery

on construal level. *Journal of Consumer Research*, 41(4), 1015–1032.
Lii, Y. S., Wu, K. W. & Ding, M. C. (2013). Doing good does good? Sustainable marketing of CSR and consumer evaluations. *Corporate Social Responsibility and Environmental Management*, 20(1), 15–28.
日本コカ・コーラ（2016）「環境への取り組み」https://www.i-lohas.jp/project/［2024年1月25日最終アクセス］.
世良耕一（2014）『コーズ・リレーテッド・マーケティング――社会貢献をマーケティングに活かす戦略』北樹出版.
スターバックスコーヒージャパン（2015).「～あなたの一杯が子どもたちの進学支援に～スターバックスカードによる復興支援“ハミングバード プログラム”が9月16日よりスタート」https://www.starbucks.co.jp/press_release/pr2015-1385.php［2024年1月25日 最終アクセス］.
Strahilevitz, M. & Myers, J. G. (1998). Donations to charity as purchase incentives: How well they work may depend on what you are trying to sell. *Journal of Consumer Research*, 24(4), 434–446.
Terasaki, S. (2016). Cosmopolitan consumers: Research overview and research opportunities. *Journal of International Business Research*, 15(1), 32–45.
Trope, Y. & Liberman, N. (2003). Temporal construal. *Psychological Review*, 110(3), 403–421.
Varadarajan, P. R. & Menon, A. (1988). Cause-related marketing: A coalignment of marketing strategy and corporate philanthropy. *Journal of Marketing*, 52(3), 58–74.

## 第7章

Alden, D. L., Steenkamp, J-B. E. M. & Batra, R. (2006). Consumer attitudes toward marketplace globalization: Structure, antecedents and consequences. *International Journal of Research in Marketing*, 23(3), 227–239.
Asseraf, Y. & Shoham, A. (2016). The “tug of war” model of foreign product purchases. *European Journal of Marketing*, 50(3/4), 550–574.
Bartsch, F., Riefler, P. & Diamantopoulos, A. (2016). A taxonomy and review of positive consumer dispositions toward foreign countries and globalization. *Journal of International Marketing*, 24(1), 82–110.

Batra, R., Homer, P. M. & Kahle, L. R. (2001). Values, susceptibility to normative influence, and attribute importance weights: A nomological analysis. *Journal of Consumer Psychology*, 11(2), 115–128.

Bearden, W. O., Netemeyer, R. G. & Teel, J. E. (1989). Measurement of consumer susceptibility to interpersonal influence. *Journal of Consumer Research*, 15(4), 473–481.

Blank, T. & Schmidt, P. (2003). National identity in a united Germany: Nationalism or patriotism? An empirical test with representative data. *Political Psychology*, 24(2), 289–312.

本間道子（2011）『集団行動の心理学――ダイナミックな社会関係の中で』サイエンス社.

李炅泰（2016）「社会的規範がコンシューマー・エスノセントリズムに与える影響――日本の消費者を対象に」『流通研究』19(1), 53–66.

石井健一（2006）「2005年反日デモと対日意識・愛国心」『日中社会学会ワーキングペーパー集』創刊号, 1–10.

Lee, K. T., Lee, Y. I. & Lee, R. (2014). Economic nationalism and cosmopolitanism: A study of interpersonal antecedents and differential outcomes. *European Journal of Marketing*, 48(5/6), 1133–1158.

日本経済新聞（2023）「ラウンドワン，米国に高級和食店 30年に30店」https://www.nikkei.com/article/DGXZQOUF121GQ0S3A211C2000000/［2024年１月25日最終アクセス］.

日本政府観光局（2022）「訪日外客統計」https://www.jnto.go.jp/statistics/data/visitors-statistics/［2024年１月25日最終アクセス］.

Oberecker, E. M. & Diamantopoulos, A. (2011). Consumers' emotional bonds with foreign countries: Does consumer affinity affect behavioral intentions? *Journal of International Marketing*, 19(2), 45–72.

Oberecker, E. M., Riefler, P. & Diamantopoulos, A. (2008). The consumer affinity construct: Conceptualization, qualitative investigation, and research agenda. *Journal of International Marketing*, 16(3), 23–56.

小野寺史郎（2017）『中国ナショナリズム――民族と愛国の近現代史』中公新書.

Pappu, R., Quester, P. G. & Cooksey, R. W. (2007). Country image and consumer-based brand equity: Relationships and implications for

international marketing. *Journal of International Business Studies*, 38, 726–745.

Riefler, P., Diamantopoulos, A. & Siguaw, J. A. (2012). Cosmopolitan consumers as a target group for segmentation. *Journal of International Business Studies*, 43, 285–305.

Verkuyten, M. (2001). National identification and intergroup evaluations in Dutch children. *British Journal of Developmental Psychology*, 19(4), 559–571.

Zajonc, R. B. (1980). Feeling and thinking: Preferences need no inferences. *American Psychologist*, 35(2), 151–175.

Zeugner-Roth, K. P., Žabkar, V. & Diamantopoulos, A. (2015). Consumer ethnocentrism, national identity, and consumer cosmopolitanism as drivers of consumer behavior: A social identity theory perspective. *Journal of International Marketing*, 23(2), 25–54.

寺﨑新一郎（てらさき・しんいちろう）

立命館大学経営学部准教授。早稲田大学商学部卒業後、渡英しロンドン大学でMA（Environment, Politics, & Globalisation）とMBA（International Management）を取得。早稲田大学大学院商学研究科博士後期課程修了、博士（商学）。九州大学大学院経済学研究院助教などを経て現職。専門は経営学／マーケティング。
主著に『多文化社会の消費者認知構造——グローバル化とカントリー・バイアス』（早稲田大学出版部、2021年。日本マーケティング学会「日本マーケティング本 大賞2021」準大賞、日本商業学会賞奨励賞、異文化経営学会賞（著書部門）を受賞）。訳書に『インタビュー調査法の基礎——ロングインタビューの理論と実践』（千倉書房、2022年）。

早稲田新書020

グローバル社会《しゃかい》の消費者心理《しょうひしゃしんり》
—カントリー・バイアスから読《よ》む〈こころ〉—

2024年6月10日　初版第1刷発行

著　者　寺﨑新一郎
発行者　須賀晃一
発行所　株式会社 早稲田大学出版部
〒169-0051　東京都新宿区西早稲田1-9-12
電話 03-3203-1551
https://www.waseda-up.co.jp
装　丁　三浦正已（精文堂印刷株式会社）
印刷・製本　精文堂印刷株式会社


ISBN：978-4-657-24003-3

# 早稲田新書の刊行にあたって

いつの時代も、わたしたちの周りには問題があふれています。一人一人が抱える問題から、家族や地域、国家、人類、世界が直面する問題まで、解決が求められています。それらの問題を正しく捉え解決策を示すためには、知の力が必要です。整然と分類された情報である知識。日々の実践から養われた知恵。これらを統合する能力と働きが知です。

早稲田大学の田中愛治総長（第十七代）は答のない問題に挑戦する「たくましい知性」と、多様な人々を理解し尊敬して協働できる「しなやかな感性」が必要であると強調しています。知はわたしたちの問題解決によりどころを与え、新しい価値を生み出す源泉です。日々直面する問題に圧倒されるわたしたちの固定観念や因習を打ち砕く力です。「早稲田新書」はそうした統合の知、問題解決のために組み替えられた応用の知を培う礎になりたいと希望します。それぞれの時代が直面する問題に一緒に取り組むために、知を分かち合いたいと思います。

早稲田で学ぶ人。早稲田で学んだ人。早稲田で学びたい人。早稲田で学びたかった人。早稲田とは関わりのなかった人。これらすべての人に早稲田大学が開かれているように、「早稲田新書」も開かれています。十九世紀の終わりから二十世紀半ばまで、通信教育の『早稲田講義録』が勉学を志す人に早稲田の知を届け、彼ら彼女らを知の世界に誘いました。「早稲田新書」はその理想を受け継ぎ、知の泉を四荒八極まで届けたいと思います。

早稲田大学の創立者である大隈重信は、学問の独立と学問の活用を大学の本旨とすると宣言しています。知の独立と知の活用が求められるゆえんです。知識と知恵をつなぎ、知性と感性を統合する知の先には、希望あふれる時代が広がっているはずです。

読者の皆様と共に知を活用し、希望の時代を追い求めたいと願っています。

２０２０年12月

須賀晃一